Carl Bopp

Die internationale Maß, Gewichts und Münz-Einigung durch das metrische System

Carl Bopp

Die internationale Maß, Gewichts und Münz-Einigung durch das metrische System

ISBN/EAN: 9783743647954

Hergestellt in Europa, USA, Kanada, Australien, Japan

Cover: Foto ©Suzi / pixelio.de

Weitere Bücher finden Sie auf **www.hansebooks.com**

Die internationale

Maß-, Gewichts- und Münz-Einigung

durch das

metrische System.

Von

C. Bopp,
Professor an der K. Baugewerkeschule zu Stuttgart.

Stuttgart.
Verlag von Julius Maier.
1869.

Vorwort.

Ein Maß für Alle, Eine Münze für den Weltverkehr ist der Ruf der gegenwärtig durch alle Lande geht. Darum ist es oberste Aufgabe der Münz-, Maß- und Gewichtskunde der Gegenwart, sich mit der Möglichkeit und der Grundlage einer solchen Einheit zu beschäftigen.

Vielfach sind die Bestrebungen gewesen, zu solcher Einheit zu führen, doch erst der mit Entwicklung der neuen Verkehrs-Mittel in ganz ungeahnten Verhältnissen entstandene Weltverkehr und die durch denselben gebrachte Nothwendigkeit, die Maße, Gewichte und Münzen der verschiedensten Länder gegenseitig auszugleichen, hat diesen Bestrebungen den Nachdruck gegeben, den sie bedürfen, um zum Ziele zu gelangen.

Der innige Zusammenhang des Münzwesens mit dem übrigen Maßwesen nöthigt, nicht einseitig sich mit Münzeinigung zu befassen, sondern alle Maßeinheiten für Längen, Flächen, Körper, Gewichte und Werthe in möglichst einfachen auch für den simpelsten Verstand leicht verständlichen Zusammenhang zu bringen und die Mehrfachen und Unterheilungen der Einheiten so zu wählen, daß die Rechnung mit diesen Maßgrößen so einfach als möglich wird. Da die Gliederung unseres Zahlensystems die Zahl 10 zur Grundzahl hat entsprechend unseren ersten und natürlichsten Rechenwerkzeugen, den 10 Fingern, so empfiehlt sich von selbst für alle Verhältnisse, die der Zählung und Rechnung bedürfen, dieselbe Zahl 10 als Grundlage zu nehmen. Dadurch werden alle Berechnungen äußerst einfach, denn sie sind für Zehnerzahlen oder Dezimalbrüche dieselben wie für ganze Zahlen.

Allerdings ist die Gruppirung oder Theilung innerhalb der Zahl Zehn, die nur nach 2 und 5 möglich ist, nicht so vielfältig und nicht so bequem, wie innerhalb der Zahl Zwölf oder dem Dutzend, welche nach 2, 3, 4 und 6 möglich ist, und ebenso hat für Unterheilung die fortwährende Halbirung in 2, 4, 8, 16, 32 Theile wegen der Einfachheit der Ausführung ihre unbestreitbaren Vortheile; allein diese Vortheile werden für Alles, was Rechnung erheischt, weitaus aufgewogen durch die Umständlichkeiten der Berechnungen und die Vielzahl der nothwendigen Maßbezeichnungen. Um sich dieß deutlich zum Bewußtsein zu bringen, erinnere man sich nur an die Umständlichkeit der

Multiplikation und Division von Gewichten, die in Pfunden, Lothen und Richtpfennigen gegeben sind, im Vergleich mit der unendlich einfachen Ausführung derselben Rechnung in Gewichtsangaben nach Kilogrammen und Grammen.

Es ist daher unzweifelhaft, daß alle Handelsoperationen im inneren und internationalen Verkehr sich wesentlich erleichtern würden, wenn es gelänge, ein einheitliches Maß-, Gewicht- und Münzsystem mit streng dezimalem Zusammenhang einzuführen. Wie viel Zeit, die der Kaufmann jetzt auf die Berechnung der Werthe der verschiedenen Maß- und Münzsorten gegeneinander verwenden muß, würde erspart werden? Wie viel Irrthümer bei Rechnungen würden dadurch verhütet werden? Die Wechselgeschäfte würden unendlich einfacher sein, als sie jetzt sind. Auch der ungeübteste, auch der Nichtkaufmann, der blos gesunden Menschenverstand besäße, würde dann sich leicht in das Wechselwesen finden können. Unter allen Versuchen ein solches dezimales und einfaches Maßsystem aufzustellen, hat es keiner zu solcher Einfachheit und Klarheit gebracht, als derjenige, dessen Resultat man als das metrische System bezeichnet.

Deßhalb muß mit Auseinandersetzung dieses Systems die heutige Maßkunde beginnen und nachweisen, ob und wie es allen Anforderungen, die man an ein Maßsystem stellt, entspricht und namentlich ob es fähig ist, als internationales Maßsystem angenommen zu werden. Diesen Nachweis zu führen ist Zweck dieser Schrift. Zugleich sollen die Meßgeräthe und Münzen, die diesem System entsprechen, behandelt und dann die Versuche besprochen werden, die bereits gemacht worden sind, um zu diesem System überzugehen Die Schrift gliedert sich demnach in die 4 Abschnitte:

I. Das metrische Maßsystem und sein Vorzug vor den übrigen Maßordnungen.
II. Die metrischen Maßgeräthe und ihre Normirung.
III. Der Uebergang zum metrischen System.
IV. Maß-, Gewichts- und Münztabellen.

Tiefere Einsicht in die Einzelnheiten, die sich hiebei zeigen, führt unwillkührlich zu der Ueberzeugung, daß nur das reine metrische System sich zur Annahme als internationales Maßsystem eignet und das Geschäft der Größen-, Massen- und Werth-Vergleichung so einfach und sicher als möglich macht.

Stuttgart, März 1869.

Der Verfasser.

I.

Das metrische Maßsystem und sein Vorzug vor den übrigen Maßordnungen.

Möglichste Erleichterung des Weltverkehrs und thunlichste Befreiung desselben von allen hemmenden Schranken ist das Losungswort unserer Tage.

Mit Recht erhebt sich das Erwerbsleben über nationale Beschränktheit und kennt weder zufällige und künstliche Landesgränzen, noch die natürlichen Hemmnisse der Gebirge und Gewässer. Eine fortgeschrittene Technik hat natürliche Hemmnisse überwinden gelernt, natürliche Entfernung, selbst Trennung durch Hochgebirge ist kein unübersteigliches Hinderniß mehr und mit Gedankenschnelle vermittelt der Telegraph die Correspondenz der entferntesten Gegenden.

Nur die von der nationalen oder vielmehr territorialen Eingränzung stammenden scheinbar unbedeutenden Hemmnisse sind es, deren Entfernung am langwierigsten und schwierigsten ist. Es sind dieß die verschiedenen Hilfsmittel der Maß-, Gewichts- und Werthausgleichung. Jedes Land, ja häufig jeder Bezirk hat seine eigenthümlichen Maß- und Werthgrößen, die ihm durch langjährige Gewohnheiten besonders geläufig, und so lieb geworden sind, daß die daran haftenden Mängel und Unvollkommenheiten nicht mehr bemerkt werden. Durch den allgemein gewordenen Verkehr, insbesondere durch den Zusammenfluß der industriellen Producte aller Länder bei den großen Weltausstellungen ist die Nöthigung ebenfalls eine allgemeine geworden, die Maßgrößen der einzelnen Territorien mit denen aller übrigen in Vergleich zu setzen. Eine Unzahl von Reductionen und den wiederwärtigsten Berechnungen, von absichtlichen, und unabsichtlichen Täuschungen ist die Folge davon, nur eine gute Folge ist daraus erwachsen, daß nämlich die Erkenntniß des mangelhaften Zusammenhangs zwischen den einzelnen Größen und der Nothwendigkeit einer einheitlichen Organisation des Maß-, Gewichts- und Münzwesens für alle civilisirten Völker eine allgemeine geworden ist. Dem idealen Verbrüderungs-Bestreben des aus tiefer politischer und socialer Unterdrückung allerdings mit schaudererregenden Ausschreitungen erstehenden französischen Geistes gebührt das Verdienst, die Reinigung dieses

Augiasstalles von Maßungleichheiten zuerst unternommen und die Ausarbeitung eines Maßsystems veranlaßt zu haben, das wirklich alle Eigenschaften eines internationalen Systems von einfachstem Zusammenhang hat, wie durch die nachfolgende Darstellung gezeigt werden soll.

1.

Das Grundmaß und die damit zusammenhängenden Längenmaße.

Im Jahr 1789 stellte eine Anzahl französischer Städte, unter denen besonders Paris, Lyon, Rheims, Dünkirchen, Rouen, Rennes, Orléans, St. Quentin, Metz, Châlons zu nennen sind, bei der konstituirenden Versammlung einen Antrag auf Abschaffung der vielerlei verschiedenen Maße, die nur zu Mißbrauch und Betrügerei Anlaß gäben. Die Versammlung, vor welcher Talleyrand-Perigord die Sache vertrat, ließ sich durch be Bonnai am 6. Mai 1790 Bericht darüber erstatten und faßte zwei Tage darauf am 8. Mai den Beschluß, den König zu ersuchen, daß er in Gemeinschaft mit dem Könige von England dieses Geschäft durch Kommissarien aus der französischen Akademie und der königlichen Sozietät der Wissenschaften in London besorgen lassen möchte.

In Ausführung dieses Beschlusses wurde eine Commission aus den ersten Gelehrten zusammengesetzt, und zum Beweis dafür, daß es sich hier nicht um eine nationale, sondern um eine internationale Sache handle, der schweizerische Delegirte zu derselben, Trallis, zum Berichterstatter ernannt.

Diese Commission löste ihre Aufgabe in sehr zweckentsprechender Weise, indem sie als Grundmaß eine Größe vorschlug, welche, die Veränderlichkeit der früheren, den Verhältnissen des menschlichen Körpers entnommenen, Längengrößen, wie Fuß, Zoll, Faust, Spanne, Elle, Yard, Toise oder Klafter vermeidend, wirklich für alle Erdbewohner von gleichem und unveränderlichem Werth ist, nämlich den Erdmeridian, d. h. den Umfang eines durch die beiden Pole gehenden größten Kreises der Erdkugel.

Dieser Umfang wurde durch eine Reihe mit der größten Sorgfalt angestellter Gradmessungen ermittelt, und bei der Messung die ältere französische Längeneinheit, die Toise, zu Grunde gelegt.

Man erfuhr auf diese Weise zunächst, wie viele Toisen ein Erdmeridian enthalte, und nahm nun den 40 millionsten Theil des so gemessenen Erdmeridians oder den 10millionsten Theil des Meridianquadranten d. h. des Bogens zwischen Aequator und Pol zur neuen Längeneinheit.

Um dieser für alle Erdbewohner gleichen Längeneinheit auch einen internationalen Namen zu geben, wählte man hiezu eine Bezeichnung aus der den Gebilbeten aller Nationen gemeinsamen und verständlichen altgriechischen Sprache, nämlich das Wort M e t e r, welches von dem griechischen Wort metron stammt und Maß oder Strecke bedeutet, auch in dem Namen der wissenschaftlichen, und bereits im alltäglichen Leben unentbehrlich gewordenen Meßinstrumente wie Thermometer, Barometer, Hygrometer u. s. f. längst in allen Sprachen eingebürgert ist.

Die Stammsilbe „met" dieses Wortes Meter findet sich auch in der deutschen Sprache selbst z. B. in dem plattdeutschen „meten" und Maat, dann in den deutschen Wörtern Metzen, Meß, messen.

Fig. 1.

Beistehende Figur 1 zeigt, wie man sich das Grundmaß, und die davon stammende Längeneinheit mit Hilfe des Globus und seines Meridianrings in verkleinertem Maßstab verdeutlichen kann.

Der Globus kann unter dem auf dem Stativ befestigten Meridian=Ring so um seine Axe gedreht werden, daß nach einander alle Städte unter dem Ring vorbeipassiren. Steht z. B. Paris unter dem Ring, so stellt der letztere den Meridian von Paris vor, steht Berlin, Wien, London, Petersburg unter dem Ring, so bestimmt er den Meridian dieser Städte.

Alle diese Meridiane sind auch in Wirklichkeit nicht so viel von einander verschieden, daß dieß auf den 40 millionsten Theil von Einfluß wäre. In der Figur stellt der Ring eben den Meridian von Paris vor und sein Quadrant d. h. der Bogen zwischen Aequator und Pol ist in 10 gleiche Theile getheilt, die numerirt sind.

Jeder dieser Theile, welcher ¹/₁₀ des Quadranten oder ¹/₄₀ des Meridians ist, zählt 1 Million gleicher Theile von der Länge der neuen Längeneinheit, also 1 Million Meter, der Quadrant hat also 10 Millionen und der Umfang 40 Millionen Meter.

Diese Grundeinheit für alle Maße wurde im Auftrag der obengenannten Commission in Platina ausgeführt, durch den Berichterstatter derselben, Trallis, der Nationalversammlung vorgelegt und von dieser durch Dekret vom 26. bis 30. März 1791 als Urmaß angenommen.

Der Wortlaut des Dekrets gibt abermals Zeugniß von der Absicht, eine wirklich internationale Maßeinheit herzustellen, er heißt:

„In Erwägung daß, um zur Herstellung einer Gleichförmigkeit in Gewicht und Maß zu gelangen, es nothwendig ist, eine natürliche und unveränderliche Maßeinheit zu bestimmen, und daß das einzige Mittel diese Gleichförmigkeit auf fremde Nationen auszudehnen und sie zu veranlassen, über dasselbe Maßsystem übereinzukommen, ist, eine Einheit festzustellen, welche in ihrer Bestimmung nichts willkürliches oder der besonderen Stellung einer Nation auf dem Erdball eigenthümliches enthält; in Erwägung ferner, daß die vorgeschlagene Einheit nach der Ansicht der Akademie der Wissenschaften alle diese Bedingungen vereinigt, beschließt die Versammlung, daß sie die Größe des Meridian-Quadranten der Erde als Grundlage des neuen Maßsystems annimmt." In Folge dieses Beschlusses wurde auf Grundlage dieser Maßeinheit das neue Maßsystem ausgearbeitet und allmälig gesetzlich festgestellt. Besonders einfach und für alle vorkommenden Rechnungen so sehr förbernd ist die Bestimmung der Vielfachen und Untertheilungen der Maßeinheiten. Entsprechend dem Aufbau unseres Zahlensystems, dessen Grundzahl die Zahl 10 ist und das beßhalb das Zehnersystem oder belabische System heißt, wurde dieselbe Grundzahl 10, mit welcher sich ebendeßhalb auch am einfachsten multipliziren und dividiren*) läßt, ebenfalls als Grundzahl für Aufbau und Untertheilung des neuen Maßsystems gewählt.

Da die Zahlwörter nationale Ausdrücke sind, wählte man für die durch ihre Vermittlung zu bestimmenden Ausdrücke für die Vielfachen und Untertheilungen Vorschlags-Silben aus den beiden Weltsprachen der Gebildeten, nämlich aus der griechischen und lateinischen Sprache und zwar für die Vielfachen die griechischen Worte:

Deka   soviel als   10.

Hekto   „   „   100.

Kilo   „   „   1000.

Myria   „   „   10000.

---

*) Man vergleiche z. B. die Berechnung des zehnfachen, und des zehnten Theils einer Zahl z. B. von 753 mit der Berechnung des zwölffachen und des zwölften Theils derselben Zahl.

Für die Untertheilungen die lateinischen Worte:

Dezi*) soviel als Zehntel = 0,1.
Zenti**) „ „ Hundertstel 0,01.
Milli „ „ Tausendstel 0,001.

Die Stufenleiter der Längenmaß-Glieder ist:

Grundmaß:

Der zehnmillionste Theil des Erdquadranten: das Meter.

Maßglieder:

1 Myriameter oder Zehntausend Meter
= 10 Kilometer.
1 Kilometer oder Tausend Meter
= 10 Hektometer.
1 Hektometer oder Hundert Meter
= 10 Dekameter.
1 Dekameter oder Zehn Meter
= 10 Meter.
1 Meter die Maßeinheit
= 10 Dezimeter.
1 Dezimeter oder 1 Zehntels-Meter
= 10 Zentimeter.
1 Zentimeter oder 1 Hundertstels-Meter
= 10 Millimeter.
1 Millimeter oder 1 Tausendstels-Meter.

Zur Abkürzung werden beim Schreiben der Namen nur die Anfangsbuchstaben beider Worte geschrieben, welche bei den Untertheilungen durch einen Bruchstrich geschieden werden. Z. B. MyM., KM., HM., DM., M., D/M., Z/M.,

*) Was die lateinischen Vorschlagssilben Dezi-, Zenti-, Milli- betrifft, so sind sie auch sonst in den Ausdrücken Dezember, Dezimal, Zentner, Prozent, Zent, Promille, das Mill gebräuchlich; die griechischen Vorschlagssilben dagegen sind außerdem weniger gebraucht, doch gibt es längst auch im Deutschen eine Dekade, ein dekadisches Zahlensystem und eine dekadische Ergänzung, auch die Hekatomben und Myriaden liest man sogar in den Tagesblättern.

**) Da diese Wörter aus der lateinischen und nicht aus der französischen Sprache stammen, hat es keinen Sinn, sie nach der in Frankreich üblichen Weise auszusprechen, wie wenn es französische Wörter wären. Da sie außerdem bestimmt sind, sich in Deutschland einzubürgern, ist es angezeigt, sie auch mit deutschen Lautzeichen zu schreiben, wie dieß mit den stammverwandten Wörtern Dezember, Dezimalbruch, Zentner längst geschieht.

M/M. — Von diesen Bezeichnungen werden nur KM., M., Z/M. und M/M. häufiger gebraucht, die übrigen sind jedoch zur Vervollständigung des dezimalen Aufbaues nicht weniger nöthig.

Um wenigstens diejenigen dieser Maßgrößen, welche in den Spalten dieser Schrift Raum haben, zu veranschaulichen, ist in Fig. 2 das Dezimeter sammt seiner Untertheilung in Zentimeter und Millimeter so genau als möglich dargestellt.

Aus diesen metrischen Längen ist eine, das Kilometer = 1000 Meter oder der Zehntausendste Theil des Meridianquadranten als Wegmaß ausgewählt worden, jedoch ohne eine neue Bezeichnung.

Fig. 2.

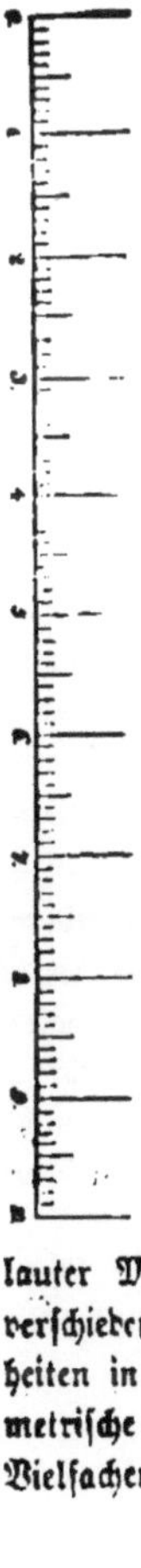

Da die metrischen Längen in gleicher Weise für die verschiedenen Arten von Längenmaßen dienen, bringen sie eine wesentliche Vereinfachung der Maßverhältnisse mit sich und machen alle Umrechnungen unnöthig.

Statt der 7 Arten von Längenmaßen der alten Maßordnungen, nämlich:

1) Für geographische Längen:
   Die geographische Meile und die Seemeile.

2) Für Weglängen und sonstige große Entfernungen:
   Die Landesmeile (preußische, österreichische, bairische, württembergische u. s. w.)
   Die Eisenbahnmeile,
   Die Wegstunde,
   Die Poststunde und Postmeile.

3) Für Ackerlängen und kleine Längen:
   Die Ruthe,
   Das Klafter,
   Der Fuß, der Zoll, die Linie.

4) Für Gewebe:
   Die Elle,

5) Für Schachttiefen:
   Das Lachter.

6) Für Seetiefen:
   der Faden.

7) Für Pferdshöhen:
   Die Faust,

lauter Maße, deren Zusammenhang in keinem Lande ein dezimaler und in den verschiedenen Ländern ein sehr verschiedener und verwickelter ist, und deren Einheiten in den verschiedenen Maßordnungen ebensowenig übereinstimmen, kennt das metrische System nur die einzige Einheit: das Meter mit seinen rein dezimalen Vielfachen und Untertheilungen.

Vergleicht man zubem die Längen der neuen Maßgrößen mit den alten:
1 Myriameter = 1,35 geogr. Meilen.
1 Meter = 3,07844 parif. Fuß = 3,16345 öfter. Fuß = 3,18620
preuß. Fuß = 3,28090engl. Fuß = 3,42355 hannov. Fuß = 3,42631 bayr.
Fuß = 3,49052 württb. Fuß = 3,53120 fächf. Fuß, wobei die Fuße der Größe
nach aufeinander folgen, und felbft mit den neu feftgeftellten Fußen:

    1 Meter = 4 Fuß heffifch
          = 3 1/2 Fuß badifch, naffauifch, fchweizerifch

und umgekehrt:

          1 geogr. Meile = 7420,44 Meter

_ und für Baben			
Schweiz	} 1 Fuß =	3	Dezimeter
Naffau			
Bayern	„ =	2,9186	„
England	} „ =	3,0479	„
Rußland			
Frankreich			
altes Maß	„ =	3,2484	„
Hannover	„ =	2,9209	„
Heffen-Darmftadt	„ =	2,5	„
Oefterreich	„ =	3,1611	„
Preußen	„ =	3,1385	„
Sachfen	„ =	2,8319	„
Württemberg	„ =	2,8649	„

so zeigt fich:
die Vielfachen und die Untertheilungen des Meters genügen, um die größten
Längen (das Myriameter ift größer als die Meile) bis zu den kleinften (das
Millimeter ift kleiner als die Linie) herab mit einer Einfachheit und Genauigkeit
zu beftimmen, wie es durch die alten Maße nicht möglich ift.

Man vergleiche zur Würdigung der letzteren Behauptung die nebeneinander
geftellten Maßftäbe für Millimeter und für Zolle und Linien und verfuche mit
beiden den Durchmeffer und die Dicke einer Münze z. B. eines Thalers oder
Gulbens zu beftimmen, fo zeigt fich, daß dieß mit Millimetern für die mit
bloßem Auge mögliche Genauigkeit ausführbar ift, mit Linien aber nicht. Zugleich enthält der Name der Maßglieder den Zufammenhang mit dem Grundmaß,
fo daß Jeder, der die innere Bedeutung der Vorfchlagsfilben:

{ Myria, Kilo, Hekto, Deka, Dezi, Zenti, Milli, }
{ 10,000. 1000. 100. 10. 1/10. 1/100. 1/1000. }

kennt, diefen Zufammenhang augenblicklich angeben kann.

Diefe Silben reduziren fich für das gewöhnliche Leben fogar auf 4: Kilo,
Dezi, Zenti und Milli. Mit richtigem Takte find diefe Silben nicht einer leben-

ben, jondern einer tobten Sprache entnommen, damit keinerlei Verwechslung oder Verwirrung entstehe. Der größte der Vortheile, der im leichten Auffinden des im Namen selbst enthaltenen Zusammenhangs mit dem Grundmaß besteht, würde verloren gehen, wenn man statt der systematischen Namen andere Namen aus der Landessprache, wie Meile, Ruthe, Elle, Stab, Fuß, Zoll, Linie, Strich nehmen würde, deren Zusammenhang mit dem Grundmaß erst nachträglich festzusetzen wäre, und die zum Unterschied von früheren Größen dieses Namens die Vorsilbe „Neu" = Neuzoll u. s. w. haben müßten. Der zweite der Vortheile, der in der Unmöglichkeit von Verwechslungen und Verwirrungen besteht, würde verloren gehen, wenn man statt der griechischen und lateinischen Zahlwörter als Vorschlags= silben solche aus der Landessprache nehmen würde, da man im Sprechen beson= dere Anstrengung machen müßte, um z. B. 5 Zehnstab von 15 Stab,

5003 Hundertstab von 5300 Stab

u. s. w. zu unterscheiden. Gerade darin, daß die metrische Maßeinheit von lokaler und nationaler Beschränktheit frei mit den unveränderlichen Dimensionen der allen gemeinsamen Erbe zusammenhängt, und daß auch die Bezeichnung dieser Einheit einer tobten Sprache, die das Gemeingut aller Gebildeten geworden ist, angehört, liegt die großartige Auffassung und die Möglichkeit, diese Maß= einheit und das darauf gebaute Maßsystem als internationales Maß allen Völkern der Erbe zugänglich zu machen.

2. Bequeme Größe der metrischen Maßglieder.

Neben diesen allgemeinen Gesichtspunkten hat die Bequemlichkeit der prak= tischen Ausführung der Messungen und Berechnungen mit Hülfe dieser Maß= größen denselben jetzt schon eine große Verbreitung über den Erbball gegeben.

Nicht nur daß Frankreich, Belgien, die Niederlande, Italien, Spanien und Griechenland das metrische Maß=System als allein gültiges eingeführt haben, und England dasselbe neben den alten Maßen gesetzlich zuge= lassen hat, auch die Wissenschaft hat sich dasselbe alsbald zu eigen gemacht, und ihren Untersuchungen zu Grunde gelegt; deßhalb wird in keiner Bildungsstätte höherer Technik, in keinem ausgedehnteren und rationellen Gewerbebetrieb ein anderes Maß gebraucht.

Ja selbst im bürgerlichen Leben hat sich dasselbe Eingang verschafft. Die Bandmaße, welche Schneider und Modistinnen gebrauchen, sind in Zentimeter eingetheilt, und man frage einen Schneider, warum er nicht lieber es gegen ein in Zollen oder Ellen eingetheiltes Bandmaß vertausche. Seine Antwort ist: weil es nicht nur für alle Länder dasselbe, sondern auch bequemer ist und mit größerer Leichtigkeit eine genaue Messung und Berechnung zuläßt. Zur Vergleichung der Länge der in verschiedenen Ländern noch gebrauchten Maße dient überall metrisches Maß, (es wird angegeben, wie viel Meter oder Millimeter die einzelnen Maße enthalten), nur Rechenbücher, die veraltetes zusammengestoppeltes Zeug in neuem Umschlag enthalten, bringen noch den Wust der alten Resolution und Reduktion. Selbst der deutsche Münzvertrag von 1857 bedient sich zur Angabe des Durchmessers der Vereinsmünzen nicht eines specifisch deutschen Maßes, sondern des Millimeters.

Der Grund dieser Erscheinung ist leicht ersichtlich: Im Bekleidungsgewerbe sind (abgesehen von der Schwierigkeit der Berechnungen) die Untertheilungen der Elle zu groß und die des Zolles zu klein für die Maßbestimmung, während das Zentimeter gerade eine brauchbare Größe hat.

Hält man neben ein Stück Bandmaß in Zentimeter-Eintheilung ein Stück Ellenmaß nach fortgesetzter Halbirung bis zu ¹⁄₆₄ Elle und ein solches mit Zollen und Linien, so dient dieß zur Veranschaulichung des Gesagten.

Für kleinere Messungen wie beim Durchmesser von Münzen und Aehnlichem sind die Zolle und Linien zu groß, die Zehntelslinien zu klein und reine Rechnungsgrößen, während das Millimeter eine gerade noch gut unterscheidbare, aber doch hinreichend kleine Größe ist und sogar noch eine Schätzung auf die Hälfte zuläßt, wie man sich bei Ausmessung des Durchmessers eines Guldens oder Thalers überzeugen kann.

Wie diese niederen Untertheilungen des Meters für Ausführung der Messung von kleineren Längen so bequem sind, so sind es auch das Dezimeter das Meter und seine Vielfachen für Messung von größeren und sehr großen Längen.

Das Meter (etwas über 3 Fuß, die gewöhnliche Hüfthöhe eines Mannes) und das Dezimeter (die Handbreite) eignen sich für die Messungen im Gewerbe, für welche ja auch von den Gewerbetreibenden nahezu ein Meter lange Maßstäbe von 3 und 4 Fußen benützt werden, und ist mit seinen Untertheilungen auch für Gewebe viel bequemer als die Elle mit den Vierteln und Achteln. Für Feldlängen haben das Meter (= 3½ württ. Fuß), das Dekameter (= 3½ württ. Ruthen) und das Hektometer (= 35 württ. Ruthen) eine bequemere Größe als Ruthe und Fuß, welche beide für große Maßangaben zu klein sind. Das Kilometer (nahezu ⅛ Meile) ist in einem kultivirten stark bevölkerten Lande als Wegmaß viel geeigneter als die Meile, da es für die Vergleichung größere Zahlen gibt und die Brüche entbehrlich oder leicht verständlich macht. Für Eisenbahnlängen gibt es kein zweckmäßigeres Längenmaß, weßhalb auch sämmtliche Eisenbahnverwaltungen dasselbe für ihren gegenseitigen Verkehr seit mehreren Jahren benützen und die Entfernungen z. B. auf den württ. Eisenbahnfahrtenplänen in Kilometern neben der Angabe in Meilen ausgedrückt sind. Für noch größere Längen wie die

Dimensionen der Erdtheile, die Längen im Weltsystem und dergleichen ist das Myria-meter (etwas über 1½ Meile) eine bequemere Einheit als die Meile, da sie bei diesen Maßangaben zugleich direkt ein rationales Verhältniß zum Erd-Quadranten = 1000 Myriametern angibt, während dieß für die Angaben in geographischen Meilen (der Erd-Quadrant = 1350 Meilen) erst durch weitere Berechnung ge-funden werden muß.

Die metrischen Größen in ihrem Zusammenhange haben den ungemeinen Vortheil, daß alle Umwandlungs-Rechnungen aufhören oder höchstens auf eine Multiplication oder Division mit 10, 100, 1000 u. s. w. sich beschränken.

Das Verzeichniß der gegenwärtig noch gebräuchlichen Längenmaße, welche sich theilweise wie in Baden, Nassau, Großherzogthum Hessen, der Schweiz an metrische Maß anlehnen, ist:

Land.	Meilen in Metern.	Elle in Millimetern.	Fuß in Millimetern.
Baden, Nassau	8889 Eisenbahn-M.	600	300
Bayern	7419 geogr. Meile	833	292
Braunschweig	7419 „ „	571	285
Bremen	7419 „ „	579	289
England und Nordamerika	1524 (Landmeile) / 1855 (Seemeile) / 1609 (brit. Meile)	1914 Yard.	305
Frankfurt a. M.	7420 (geogr.Meile)	547	285
Hamburg und Holstein	7532	573	286
Hannover	7419	584	292
Hessen-Cassel	9206	570	288
Hessen-Darmstadt	7500	600	250
Lübeck	7420 (geogr.Meile)	575	288
Oesterreich	7587	779	316
Oldenburg	7423	581	296
Portugal	6297	1100	333
Preußen	7532	667	314
Sachsen, Königreich	7500 (Postmeile)	566	283
„ Altenburg	9081	568	283
„ Coburg	7420 (geogr.Meile)	586	304
„ Gotha	7420 „ „	563	287
„ Meiningen	7420 „ „	634	283
„ Weimar	7363	564	281
Schweden	10688	594	296
Schweiz	4800 (Wegstunde)	600	300
Württemberg	7449	614	286

Die Brabanter Elle beträgt:

in Bremen .... 694,4 M/m.

„ Crefeld .....690,2 „

„ Cassel ..... 694,3 „

„ Frankfurt a. M. 699 „

„ Hamburg ... 690 „

„ Hanau ..... 694,7 „

„ Leipzig ..... 685,6 „

„ Osnabrück ... 691,4 „

Wie nöthig hierin eine internationale Reform immer noch ist, zeigt ein Blick auf vorstehende Tabelle, während die nachstehende die entsprechenden metrischen Maße enthaltende Zusammenstellung zeigt, wie einfach und klar das Verhältniß bei allgemeiner Annahme des metrischen Systems wäre:

Bereich des metrischen Systems: aller gebildeten Nationen.	Wegmaß: 1000 Meter.	Längenmaß: 1 Meter.

3. Flächenmaße.

Das Flächenmaß beruht auf dem Längenmaße. Seine Einheit ist das Quadrat, welches das Meter zur Seite hat, und als Quadratmeter oder Meterquadrat bezeichnet wird. Gibt man auf jeder Seite des Quadrats die Dezimeter an und verbindet die gleichliegenden Theilpunkte der Gegenseiten durch gerade Linien, so entsteht dadurch in dem Quadratmeter ein Quadratnetz von 100 Quadraten, deren jedes das Dezimeter zur Seite hat, als ein Quadratdezimeter ist. Das Quadratmeter enthält also 100 Quadratdezimeter.

Giebt man ebenso im Quadratdezimeter auf den 4 Seiten die Zentimeter an und verbindet die gleichliegenden Theilpunkte durch gerade Linien, so entsteht dadurch ebenso wie oben ein Quadratnetz von 100 Quadraten, deren jedes das Zentimeter zur Seite hat. Das Quadratdezimeter enthält somit 100 Quadratzentimeter. Ebenso enthält das Quadratzentimeter 100 Quadratmillimeter.

Wie hier für das Meter und seine Untertheilungen gezeigt worden, ergiebt sich allgemein, daß das Quadrat jeder Maßgröße aus der Stufenleiter der Längenmaße 100 Quadrate der nächst niedrigeren Maßgröße enthält.

Man hat demnach folgende Stufenleiter der metrischen Flächenmaße:

1 Quadrat=Myriameter = 100 Millionen Quadratmeter oder M^2

= 100 Quadrat=Kilometer.

1 Quabrat=Kilometer = 1 Million Quabratmeter ober M²
    = 100 Quabrat=Heftometer.

1 Quabrat=Hektometer = Zehntaufenb   ,,
    = 100 Quabrat=Defameter.

1 Quabrat=Defameter = Hunbert   ,,
    = 100 Quabrat=Meter.

1 Quabrat=Meter = Flächeneinheit
    = 100 Quabrat=Dezimeter.

1 Quabrat=Dezimeter = 1 Hunbertftel   ,,
    = 100 Quabrat=Zentimeter.

1 Quabrat=Zentimeter = 1 Zehntaufenbftel   ,,
    = 100 Quabratmillimeter.

1 Quabrat=Millimeter = 1 Millionftel   ,,

Beim Schreiben werben bie Quabrate ber Längengrößen burch Nachfetzen eines 2 über ber Längengröße bezeichnet, zur Erinnerung baran, baß bie Längengröße babei nach 2 Richtungen hin genommen ift, unb bei Ausbruck einer Flächengröße in ber nächft höheren ober niebrigeren Maßgröße auf 2 Stellen vor= ober rückwärts Bebacht zu nehmen ift, z. B. 35 M.² bebeutet 35 Quabratmeter ober beffer 35 Meter Quabrat.

Die Vergleichung ber metrifchen Flächeneinheit mit ben verwanbten älteren Flächeneinheiten ergiebt:

    1 Myriameter² = 1,8225 geogr. Quabratmeilen.

    1 M.² = 9,47682 parif. Quabrat=Fuß = 10,00739 öfter. Quabrat=Fuß = 10,15187 preuß. Quabrat=Fuß = 10,76430 engl. Quabrat=Fuß =11,72067 hannov. Quabrat=Fuß = 11,73960 bayr. Quabrat=Fuß = 12,18372 württ. Quabrat=Fuß = 12,46936 fächf. Quabrat=Fuß.

Für bie neuen Fuße hat man
1 Meter² = 16 Quabratfuß heffifch
    = 11½ Quabratfuß babifch, naffauifch, fchweizerifch
unb umgefehrt:
    1 geogr. Quabratmeile = 0,5485 Myrameter²

Baben			
Schweiz	1 Quabratfuß =	9	Dezimeter=Quabrat ober D/M.²
Naffau			
Bayern	,, =	8,5182	,,
Englanb			
Rußlanb	,, =	9,2900	,,
Frankreich			
altes Maß	,, =	10,5521	,,
Hannover	,, =	8,5319	,,

Hessen-Darmstadt	„	=	6,25	Dezimeter-Quadrat oder D/M²
Oesterreich	„	=	9,9926	„
Preußen	„	=	9,8504	„
Sachsen	„	=	8,0197	„
Württemberg				
Hamburg	„	=	8,2077	„

Was oben über die bequemere Größe der metrischen Längenmaße gesagt ist, gilt ebenso für die darauf gegründeten Flächenmaße.

---

4. Das Feldmaß.

Aus diesen metrischen Flächen hat man eine von geeigneter Größe ausgewählt, um sie als Einheit des Feldmaßes zu gebrauchen. Als solche wurde das Quadrat-Dekameter = 100 M.² gewählt und dieser Fläche der Name Ar vom lateinischen Wort area, zu deutsch Fläche oder Feld, gegeben, welches Wort auch sonst in dem Ausdruck Areal vorkommt.

Das Ar, die Einheit des Feldmaßes, ist demnach eine Fläche, welche 10 Meter lang und breit ist, also 100 Quadratmeter enthält. Das Feldmaß steht dadurch in sehr einfacher Beziehung zu dem sonst üblichen Flächenmaß, so daß alle Umrechnungen des einen in das andere nur noch in Multiplikationen oder Divisionen mit 100 bestehen.

Die Stufenleiter für die Feldmaße ist:

1 Myriar = 1 Quadrat-Kilometer = 1000 000 M.²
= 100 Hektar.
1 Hektar = 1 Quadrat-Hektometer = 10 000 M.²
= 100 Ar.
1 Ar, Einheit des Feldmaßes = 1 Quadrat-Dekameter = 100 M.²
= 100 Zentiar.
1 Zentiar = 1 Quadratmeter = 1 M.² = ¹/₁₀₀ Ar.

Da jedoch die Untertheilung des Zentiars mit der Größe des Quadratmeters übereinstimmt, werden in Wirklichkeit nur die Namen Hektar und Ar gebraucht, wobei der Rest in Dezimalbruchform angehängt wird.

Die Vergleichung mit den gebräuchlichen Feldmaßen ergiebt:

1 badischer Morgen		= 36 Ar.	1 Hektar	= 2,78 bad. Morgen.
1 schweizerisches Juchart				schweiz. Juchart.
1 bayrisches Tagwerk	= 34,07 „	1 „	= 2,93 bayr. Tagwerk.
1 braunschweiger Morgen	= 25,02 „	1 „	= 4 braunschw. Morgen.

2

1 engl. u. amerikanisch. Acre	=	40,47 Ar.	1 Hektar	=	2,47 Acre.	
1 alt französischer Arpent	=	34,19 „	1 „	=	2,92 Arpents.	
1 hannöverscher Morgen	=	26,21 „	1 „	=	3,82 Morgen.	
1 Großherzogl. hessischer u.						
nassauischer Morgen	=	25 „	1 „	=	4 hessische Morgen.	
1 kurhessischer Morgen	=	23,87 „	1 „	=	4,19 kurhess. Morgen.	
1 österreichisches Joch	=	57,56 „	1 „	=	1,74 österreich. Joch.	
1 preußischer Morgen	=	25,53 „	1 „	=	3,92 preuß. Morgen.	
1 sächsischer Feldacker	=	55,39 „	1 „	=	1,81 sächs. Feldacker.	
1 württembergischer Morgen	=	31,52 „	1 „	=	3,17 württ. Morgen.	

Auch für die Flächenmessung bringt das metrische System eine wesentliche Vereinfachung. — Nach den meisten Maßordnungen sind den 5 Arten von Flächenvermessung entsprechend 5 verschiedene Flächeneinheiten im Gebrauch, nämlich

1) für die geographische Flächenausdehnung:
   die geographische Quadratmeile;
2) für die Landesvermessung:
   die Landes=Quadratmeile;
3) für die Feldmessung:
   der Morgen, das Joch oder Tagwerk oder Juchart
4) für kleinere Messungen:
   Quadrat=Ruthe, Quadrat=Klafter,
   Quadrat=Fuß,
   Quadrat=Zoll und
   Quadrat=Linie;
5) für Gewebe:
   die Quadrat=Elle.

Von diesen Flächeneinheiten stehen in der Regel nur die für die Feldmessung und kleinere Messungen 3) und 4) in einer einfacheren rationalen Beziehung, und nur in wenigen Maßordnungen sind die Untertheilungen der Ruthe, nämlich Fuß, Zoll, Linie, in einem zentesimalen Zusammenhang, die übrigen haben meist gar keine directe Beziehung zu diesen; besonders ungeschickt ist dieß bezüglich der Einheiten für Landesvermessung und Feldmessung, was den Zusammenhang von Landes= und Kataster=Vermessungen sehr stört, dann bezüglich der Einheiten für kleinere Messungen und Gewebflächen, was für Bestimmung der Größen von Gewebstücken für den Gebrauch in Gebäuden, zu Gardinen, Marquisen, Zelten u. dgl., Umrechnungen mit unbequemen Zahlen oder neue Messungen mit dem Ellenmaß nöthig macht. Statt dieser Vielzahl von Maßeinheiten kennt das metrische System nur eine einzige Einheit, das Quadrat=Meter, welches mit den Quadraten seiner Vielfachen und Untertheilungen die Grundlage eines zentesimal auf und absteigenden Systems bildet, zur Messung der größten wie der kleinsten Flächen ausreicht und alle Umrechnungen entbehrlich macht.

Für große geographische Ausdehnungen dient das Quadrat-Myriameter, welches noch etwas größer ist als die Quadrat-Meile (nicht ganz 2 Q.-M.), für die Landesvermessung ist das Quadrat-Kilometer oder Myriar (nicht ganz ¹/₈₀ Q.-M.) geeignet, weil es die Brüche unnöthig macht und ohne Brüche übersichtlichere und hinreichend genaue Zahlen für Vergleichung des Flächeninhalts der Bezirke gibt. Für Vermessung größerer Güter-Complexe hat das Quadrat-Hektometer oder Hektar (ungefähr 3 Morgen) eine bequeme Größe und führt deßhalb den besondern Namen Hektar oder Hundertfeld; für mittelgroße Feldgrößen eignet sich Ar oder Quadrat-Dekameter (ungefähr ¹/₈₀ Morgen) und hat deßhalb ganz bezeichnend den besondern Namen Ar, zu deutsch Feld, erhalten. Entsprechend diesen Namen heißt dann das Quadratmeter auch Zentiar oder ¹/₁₀₀ Ar. Diese Maßgrößen geben eine ganz bedeutende Vereinfachung für alle auf Flächengrößen bezüglichen Verhältnisse, denn statt eines Feldes von 2 Morgen, 7 Achteln und 25,₉ Quadratruthen hat man dann eines von 91 Ar 92 Zentiar, was auch für die Umrechnung zu Bauplätzen keine Rechnung verursacht; man weiß alsbald, es sind 9192 Quadratmeter.

Die geographische Flächenbestimmung steht mit der Landesvermessung, diese mit der Katastervermessung und diese mit den übrigen Flächenmessungen in einem ganz einfachen Zusammenhang und es sind alle Umrechnungen entfernt, oder beschränken sich auf Multiplikationen oder Divisionen mit 100.

Für die Feldmessung sind noch kleinere Größen als das Quadratmeter ohne Bedeutung und größere als das Hektar zu selten anzuwenden, deßhalb beschränken sich die Ausdrücke hiefür auf Hektar, Ar, Zentiar. Das Myriar ist bereits ein geographisches Maß.

Auch die anfänglich hereingenommenen Zwischenglieder Dekar = 10 Ar und Deziar = ¹/₁₀ Ar, haben sich im Gebrauch als überflüssig gezeigt und sind nur noch dem Namen nach vorhanden, was um so weniger zu bedauern ist, als sie nicht wie Hektar (= 1 Quadrat-Hektometer), Ar (= 1 Quadrat-Dekameter), Zentiar (= 1 Quadratmeter), Quadrate von Längenmaßgliedern sind.

Für alle übrigen Flächen bis zu den kleinsten herab genügen die Quadrate des Meters, Dezimeters, Zentimeters, Millimeters und zwar ist mit ihrer Hülfe eine genaue Größenangabe bis an die Grenze der Sichtbarkeit möglich; die kleinste Fläche, das Quadratmillimeter, welches allseitig etwa die Breite eines Federmesser-Rückens hat, ist gerade noch deutlich sichtbar und klein genug für noch sichtbare feine Unterschiede; während bei den Fußmaßen die Quadratlinie zu groß, dagegen ¹/₁₀₀ Quadrat-Linie oder der Quadratpunkt für unsere Sinne ein wirklicher Punkt, d. h. ohne erkennbare Ausdehnung ist.

5. Körpermaße.

Wie das Flächenmaß, so hängt auch das Körpermaß direkt mit der Längeneinheit, dem Meter zusammen.

Als Körpereinheit dient der Würfel, der nach Länge, Breite und Höhe ein Meter mißt. Dieser Würfel hat 6 Seiten, je ein Quadratmeter groß, und 8 Kanten von je ein Meter Länge. Man bezeichnet ihn als Meter=Würfel, auch Würfelmeter, oder durch Benützung des lateinischen Wortes Kubus für Würfel als Kubikmeter. Denkt man sich diesen Würfel hohl, die Seiten seiner Grundfläche nach Dezimetern abgetheilt, und durch Verbindung der gleichliegenden Theilpunkte das Quadrat=Dezimeternetz hergestellt, so kann man auf jeden der hiedurch ent= stehenden 100 Quadrat=Dezimeter einen Würfel aufstellen, der nach Länge, Breite und Höhe ein Dezimeter mißt. Diese 100 Dezimeterwürfel oder Kubik= Dezimeter bilden eine Schichte von 1 Dezimeter Höhe. Da aber die Höhe des Meterwürfels 1 Meter oder 10 Dezimeter beträgt, so faßt der Meterwürfel noch 9 solcher Schichten von 100 Dezimeterwürfeln, also im Ganzen 10 solcher Schichten oder 1000 Dezimeterwürfel, wie Figur 3 in 20facher Längenverjüngung zeigt. Ganz ebenso kann man nachweisen, daß ein Dezimeterwürfel 1000 Zenti= meterwürfel und ein Zentimeterwürfel 1000 Millimeterwürfel faßt.

Figur 3.

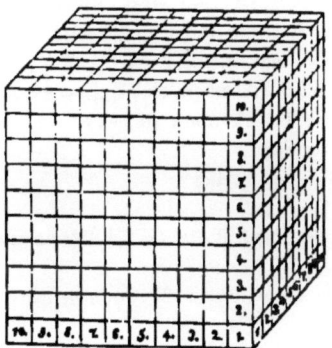

Man bekommt also folgende Stufenleiter für die metrischen Körpermaße:

1 Kubik=Myriameter = 1 Billion Meterwürfel oder M.^{3}
      = 1000 Kubik=Kilometer.

1 Kubik=Kilometer = Tausend Million
      = 1000 Kubik=Hektometer.

1 Kubik-Hektometer = 1 Million Meterwürfel oder M.³
= 1000 Kubik-Dekameter.
1 Kubik-Dekameter = Tausend   „
= 1000 Kubik-Meter.
1 Kubik-Meter = ein   „
= 1000 Kubik-Dezimeter.
1 Kubik-Dezimeter = 1 Tausendstel   „
= 1000 Kubik-Zentimeter.
1 Kubik-Zentimeter = 1 Millionstel   „
= 1000 Kubik-Millimeter.
1 Kubik-Millimeter = 1 Tausendmillionstel   „

Figur 4.   Beistehende Figur 4 zeigt den Zentimeter-Würfel mit seiner Eintheilung in Millimeterwürfel.

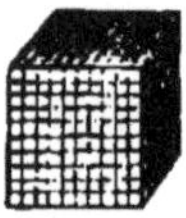

Das Zeichen für diese Würfel- oder Kubikgrößen wird aus dem Zeichen für die Längengrößen durch Hinzufügung eines kleinen 3 über dem Zeichen für die Längengrößen gebildet, z. B. 15 Kubik-meter oder Meterwürfel wird geschrieben 15 M.³. Dieses 3 zeigt an, daß hier die Längengröße nach 3 Richtungen genommen ist und erinnert daran, daß beim Ausdrücken des Kubikmaßes einer Längengröße in dem Kubikmaß der zunächst größeren oder kleineren Längengröße auf 3 Stellen oder Nullen vor- oder rück-wärts Rücksicht zu nehmen ist, wie auch die Stufenleiter zeigt.

Die Vergleichung mit den sonstigen Kubikmaßen ergiebt:
1 Myriameter³ = 2,46 geogr. Kubikmeilen.
1 M.³ 29,17385 parif. Kubikfuß = 31,65785 öfter. Kubikfuß = 32,34587 preuß. Kubikfuß = 35,31658 engl. Kubikfuß = 40,12627 hannov. Kubikfuß = 40,22350 bayr. Kubikfuß = 42,52752 württ. Kubikfuß = 44,03176 fächf. Kubikfuß und für die neuen Fußmaße
1 M.³ = 64 c' hessisch
= 37,037... c' badisch
und umgekehrt.

1 geographische Kubik-Meile = 0,4 Myriameter³

Baden
Schweiz   1 c' = 27 Dezimeterwürfel.
Nassau
Bayern   „ = 24,861 „
England
Rußland   „ = 28,3136 „
Frankreich
altes Maß   „ = 34,277 „
Hannover   „ = 24,921 „

Heſſen=Darmſtadt	„	= 15,625	Dezimeterwürfel.
Oeſterreich	„	= 31,588	„
Preußen	„	= 30,916	„
Sachſen	„	= 22,711	„
Württemberg { Hamburg	„	= 23,514	„

Auch für das Körpermaß zeigt ſich das metriſche Maß weſentlich einfacher als alle übrigen, dieſe enthalten hiefür immer noch minbeſtens 3 unzuſammen=hängende Einheiten, nämlich:

1) für geographiſche Raumbeſtimmung, alſo den Rauminhalt der Erde der Gebirge, der Weltkörper:

    die geographiſche Kubikmeile;

2) für ſonſtige große Raumbeſtimmung, Anhäufung nutzbarer Mine=ralien u. dergl.:

    die Landes=Kubikmeile;

3) für kleinere Raumbeſtimmungen:

    die Kubikruthe mit Kubikfuß, Kubikzoll, Kubiklinie;

zwiſchen dieſen drei Einheiten iſt nur ein ſehr loſer nicht immer leicht im Ge=bächtniß haftender Zuſammenhang, ja dieſer Zuſammenhang iſt ſogar bei der Zwölftheilung zwiſchen den Größen der dritten Gruppe unter ſich ſchon ein ſehr komplizirter, es iſt z. B. in Preußen

1 Kubikruthe = 1728 Kubikfuß, 1 Kubikfuß = 1728 Kubikzoll, 1 Kubikzoll = 1728 Kubiklinien.

Wie einfach iſt dagegen das metriſche Raummaß, das für alle dieſe Gruppen nur eine Einheit, das Kubikmeter, und ſeine tauſendfachen Vielfachen und Unter=theilungen kennt; kann es etwas klareres geben als:

$$1 \text{ My.M.}^3 = 1000 \text{ K.M.}^3$$
$$1 \text{ K.M.}^3 = 1000 \text{ H.M.}^3$$
$$1 \text{ H.M.}^3 = 1000 \text{ D.M.}^3$$
$$1 \text{ D.M.}^3 = 1000 \text{ M.}^3$$
$$1 \text{ M.}^3 = 1000 \text{ D/M.}^3$$
$$1 \text{ D/M.}^3 = 1000 \text{ Z.M.}^3$$
$$1 \text{ Z.M.}^3 = 1000 \text{ M/M.}^3$$

Zugleich iſt die Größe dieſer Würfel für alle Arten von Raumbeſtimmungen ſehr bequem, der Myriameterwürfel = 2,46 geogr. Kubikmeilen iſt geeigneter als dieſe für Maßangaben, bei denen es ſchon bei dieſer ſo tief in die Millionen geht, während für kleinere Raumangaben der Kilometerwürfel eher als die Kubikmeile ſich eignet. Für kleinere Raumangaben, wie die bei Hoch=Straßen=, Brücken= und Eiſenbahnbau vorkommenden, iſt der Meterwürfel = circa 40 Kubik=fuß geeigneter als die Kubikruthe, die ſchon etwas groß iſt. Für noch kleinere Raum=

beſtimmungen, wie bei Bauholz und Mauerſteinen, iſt der Kubikfuß ſchon etwas zu groß, der Kubikzoll zu klein, dagegen hat der Dezimeterwürfel eine gerade noch in Betracht kommende Größe. Für die kleinſten Raumbeſtimmungen jedoch haben die alten Maße gar kein Maßglied mehr, da die Kubiklinie nur eine imaginäre Eintheilung hat, während der Millimeterwürfel, etwas kleiner als ein Stecknadelkopf, für die mit bloßem Auge noch ſichtbaren Körper als Maß gerade klein genug iſt. Es zeigt ſich alſo auch hier, daß die metriſchen Maßglieder für Angaben von ſehr großen bis zu den kleinſten Raumgrößen Vorzüge bieten, und zwar ſchon durch ihre eigene bequeme Größe, noch mehr aber durch den einfachen Zuſammenhang ihrer Vielfachen und Untertheilungen.

----

6. Holzmaß, Hohlmaß, Gewichtsmaß.

Der Stufenleiter metriſcher Würfel ſind für beſondere Arten körperlicher Maßbeſtimmungen, wie für die Maßbeſtimmung des Brennholzes, für die Maß- beſtimmung der nach dem Maß verkauften trockenen und flüſſigen Körper, ſowie für die Beſtimmung der Gewichtseinheit die geeigneten Glieder entnommen worden.

Holzmaß.

Als Holzmaß wurde das Kubikmeter (Meterwürfel) gewählt und ihm hiefür der Name Ster (man erinnere ſich an die von demſelben Worte ſtam- menden Bezeichnungen: Stereometrie = Körperbemeſſung, Stereoſkop = Vor- richtung, um Abbildungen von Körpern körperlich zu ſehen), zu deutſch Körper, beigelegt.

Dieſem Ster wurde als einziges Vielfaches das Zehnfache, das Dekaſter, und als einzige Untertheilung der zehnte Theil, das Deziſter, beigeſellt. Da- durch wird die Stufenleiter für die Holzmaße:

1 Dekaſter = 10 Ster = 10 Kubikmeter,
1 Ster = die Einheit = 1 Kubikmeter,
1 Deziſter = 1/10 Ster = 1/10 Kubikmeter.

Die Vergleichung mit den üblichen Holzmaßen ergiebt:

Baden	1 Klafter	= 3,88	Ster.
Bayern	„	= 1,13	„
England	„	= 3,62	„
Frankreich	Voie de Paris	= 1,92	„
Hannover	1 Klafter	= 3,59	„

Hessen-Darmstadt 1 Stecken = 1,56 Ster.

Oesterreich 1 Klafter = 3,41 „

Preußen „ = 3,34 „

Sachsen „ = 2,45 „

Württemberg „ = 3,386 „

Die Größe des Sters, welche früher als Brennholzmaß etwas klein befunden wurde, erscheint heut 'zu Tage als gerade hinreichend. Seitdem die hohen
Holzpreise dem größten Theil der Haushaltungen keine größeren Holzankäufe
mehr gestatten und wenigstens in den größeren Städten die Holzlegeplätze in den
Wohnungen auf eine sehr bescheidene Größe reduzirt worden sind, seitdem ferner
durch die immer allgemeinere Verbreitung der Steinkohlen- und Koksheizung der
Bedarf an Holz in den Haushaltungen auf die zum Anzünden nöthigen Mengen
beschränkt worden ist, wird das Holz häufig nur noch in Quantitäten von ½
bis 1 Klafter gekauft, so daß hiefür die Größe des Sters (= stark ¼ Klafter)
und des doppelten Sters (= stark ½ Klafter) als ganz geeignet erscheint, da
ja für größere Quantitäten das halbe, ganze und doppelte Dekaster benützt werden
kann. Für Angabe größerer Quantitäten, z. B. der in ganzen Wäldern, Re-
vieren oder Bezirken geschlagenen Holzmengen, oder der für Eisenbahnen, Fabriken,
Holzgärten benöthigten Holzmengen, ist außerdem das Dekaster (nahezu 3 Klafter)
besonders bequem, da durch Zurücknehmen des Ausdrucks Meterwürfel statt Ster
der für Aufbewahrung benöthigte Hohlraum ohne Rechnung angegeben wird.

Die kleinste Untertheilung, das Dezister, eignet sich natürlich nur für
gespaltenes Brennholz und wird durch den Verkauf der kleineren Mengen Brennholz nach dem Gewicht weniger nöthig.

In Frankreich ist dieselbe nur für Holzrationen beim Militär in Gebrauch.

Hohlmaße.

Für die Bestimmung der nach dem Maß verkauften festen und flüssigen
Körper wurde als Einheit genommen:

der Dezimeterwürfel oder das Kubik-Dezimeter.

Dieser Einheit wurde der Name Liter (die Bezeichnung eines altgriechischen Maßes)
beigelegt und ihm die Vielfachen und Untertheilungen durch Vorsetzen der metrischen
Vorschlagsylben vor diese Einheit beigegeben.

Die Stufenleiter für die Hohlmaße ist dadurch folgende:

Das Kiloliter = Tausend Liter = 1 M.³
= 10 Hektoliter.

Das Hektoliter = Hundert Liter = 100 D/M.³
= 10 Dekaliter.

Das Dekaliter = Zehn Liter = 10 D/M.³
= 10 Liter.

Das **Liter** = die Einheit = 1 D/M.³
= 10 Deziliter.

Das **Deziliter** = 1 Zehntels Liter = 100 Z/M.³
= 10 Zentiliter.

Das **Zentiliter** = 1 Hundertstel Liter = 10 Z/M.³
= 10 Milliliter.

Das **Milliliter** = 1 Tausendstel Liter = 1 Z/M.³

Dieses Maß gilt für trockene und flüssige Körper und hat durch seinen unmittelbaren Zusammenhang mit den Würfeln der Längengrößen einen ganz unschätzbaren Werth für die Berechnungen über Raumausfüllungen der so gemessenen Körper.

Die Vergleichung mit anderen Hohlmaßen ergiebt:

	Maß für trockene Körper.		Maß für flüssige Körper.	
Baden	1 Malter	= 150 Liter.	1 Ohm	= 150 Liter.
Bayern	1 Scheffel	= 222,36 „	1 Einer	= 64,14 „
England	1 Buschel	= 36,35 „	1 Gallon	= 4,54 „
Frankreich	1 Hektoliter	= 100, „	1 Tonneau	= 912, „
			Bordeaux	
Hannover	1 Malter	= 186,91 „	1 Ohm	= 155,76 „
Hessen	1 Malter	= 128, „	1 Ohm	= 160, „
Oesterreich	1 Metzen	= 61,50 „	1 Einer	= 56,60 „
Preußen	1 Scheffel	= 64,96 Liter.	1 Einer	= 68,70 „
Sachsen	1 Scheffel	= 103,83 „	1 Einer	= 67,35 „
Württemberg	1 Scheffel	= 177,23 „	1 Einer	= 293,93 „

Die Einfachheit und Klarheit, welche das metrische System in die Abstufung der Hohlmaße bringt, ist wirklich unvergleichlich: die meisten Maßordnungen enthalten für trockene und flüssige Körper besondere weder unter sich, noch mit dem sonstigen Raummaß ursprünglich zusammenhängende Maßgrößen. Zuweilen giebt es für besondere Körper noch eigenthümliche Maßgrößen, wie z. B. in Württemberg für den Sand, für den gebrannten Kalk, für Ziegelsteine und endlich für Holzkohlen, dann wieder für ungegohrenen Wein, und für im Ausschank befindlichen Wein, in Oesterreich für Wein und Bier, kurz überall eine solche Vielzahl von Maßgrößen, daß Niemand recht klug daraus wird.

Statt dieser verschiedenen Hohlmaße mit ihren sonderbaren Unterabtheilungen, deren Zusammenhang unter sich schon nicht leicht und sicher im Gedächtniß zu behalten ist und deren nachträglich gefundener Zusammenhang mit den andern Kubikmaßen auch für diejenigen, welche damit umzugehen haben, schwer zu behalten ist, kennt das metrische System nur das eine Maß, den als Liter bezeichneten Dezimeterwürfel und seine Vielfachen und Untertheilungen.

Der Zusammenhang mit den sonstigen Körpermaßen ist dadurch unmittelbar gegeben und es bedarf statt aller Umrechnungen nur einer Rückkehr zum ursprünglichen Stamm.

1 Kiloliter = 1 Meterwürfel.

1 Hektoliter = 100 Dezimeterwürfel.

1 Dekaliter = 10 Dezimeterwürfel.

1 Liter = 1 Dezimeterwürfel.

1 Deziliter = 100 Zentimeterwürfel.

1 Zentiliter = 10 Zentimeterwürfel.

1 Milliliter = 1 Zentimeterwürfel.

Die Abschätzung des Meßgehalts von aufgeschütteter Frucht, die Berechnung der Anzahl Hektoliter, die auf einen in metrischen Maßen gemessenen Fruchtboden gehen, die Berechnung der Maße für einen zu bauenden Fruchtboden, der eine bestimmte Menge von Hektolitern fassen soll, sind für metrische Maßgrößen ganz einfach, und rasch zu lösende Aufgaben. Wenn die Frucht gegenwärtig auch nach dem Gewicht und nicht mehr nach dem Maß auf dem Markt verkauft wird, so ist doch für die Schätzungen und namentlich für die spezifische Gewichtsvergleichung das Maß nicht zu umgehen, auch wird im großen Fruchthandel noch lange nicht überall nach dem Gewicht verkauft, namentlich nicht auf dem Lande, wo man eher richtige Hohlmaße als eine gute Fruchtwaage trifft. Der Verkauf nach dem Gewicht ist ohnedem nur ein Auskunftsmittel, der Maßverwirrung zu entgehen. In Preußen gab es z. B. vor 1866 nicht weniger als 34 verschiedene Fruchtmaße, jetzt werden wohl noch etliche dazu gekommen sein.

Für die Flüssigkeiten vollends ist das metrische Hohlmaß entschieden wegen der hier noch viel häufiger nöthigen Berechnungen vorzuziehen. Die Inhaltsbestimmung von Hohlräumen, in Dezimeterwürfeln ausgedrückt, gibt unmittelbar die Zahl der Liter, die dieselben fassen. Die Berechnung des Preises des Liters aus dem des Hektoliters erfordert vollends bei zentesimaler Geldunterteilung ein Minimum von Rechenkunst, während für die Preisberechnungen zwischen Eimer und Schoppen schon längere Rechnungen und Rechenvortheile nöthig werden.

Das Gewichtsmaß.

Das Gewichtsmaß steht in innigster Beziehung zu dem Hohlmaß dadurch, daß das Gewicht des die Hohlmaßgrößen füllenden reinen Wassers die Vermittlung bildet.

Man nahm als Einheit des Gewichtes das Gewicht eines Milliliters oder Zentimeterwürfels reinen (destillirten) Wassers bei 4 Grad des hunderttheiligen Thermometers (im luftleeren Raum) und bezeichnete dieses Gewicht mit dem Namen eines altgriechischen Gewichtes als Gramm. Figur 4, S. 21 zeigt die Größe des Zentimeterwürfels.

Das Liter Wasser mußte demnach 1000 mal so viel, ober 1000 Gramm, d. h. ein Kilogramm wiegen. Da eine so kleine Menge Wassers wie der Zentimeterwürfel nur sehr schwer genau gemessen und gewogen werden kann, wurde die Messung und Wiegung an dem Tausendfachen dieser Wassermenge, an dem Liter oder Dezimeterwürfel vorgenommen und so zunächst das Kilogramm als Urgewicht hergestellt. Ein solches Urgewicht findet sich zu Paris und ein zweites in Berlin. Das Kilogramm ist demnach das Gewicht eines Liters reinen Wassers. Die Stufenleiter für die Gewichte ist:

Das Millier oder die Tonne = 10 metrische Zentner.	Gewicht des { Meterwürfels Kiloliters } Wasser	= 1000 Kilogramm.
Das Quintal oder der metrische Zentner = 10 Myriagramm.	Gewicht des Hektoliters Wasser	= 100 Kilogramm.
Das Myriagramm = 10 Kilogramm.	Gewicht des Dekaliters Wasser	= 10 Kilogramm.
Das Kilogramm = 10 Hektogramm.	Gewicht des { Dezimeterwürfels Liters } Wasser	= 1000 Gramm
Das Hektogramm = 10 Dekagramm.	Gewicht des Deziliters Wasser	= 100 Gramm
Das Dekagramm = 10 Gramm.	Gewicht des Zentiliters Wasser	= 10 Gramm
Das Gramm = 10 Dezigramm.	Gewicht des { Zentimeterwürfels Milliliters } Wasser	= Gewichts-Einheit
Das Dezigramm = 10 Zentigramm.	Gewicht von 100 M/M.^{3} Wasser	= 0,1 Gramm.
Das Zentigramm = 10 Milligramm.	Gewicht von 10 M/M.^{3} Wasser	= 0,01 Gramm.
Das Milligramm	Gewicht von 1 M/M.^{3} Wasser	= 0,001 Gramm.

Der Zusammenhang dieser Gewichtsgrößen mit den Hohlmaßen gibt ein vortreffliches Mittel, den kubischen Inhalt von Gefäßen zu bestimmen. Wird z. B. eine Tonne oder ein Faß leer und nachher voll Wasser gewogen, so giebt der Ueberschuß der zweiten Wiegung über die erste, in metrischen Zentnern ausgedrückt, die Anzahl der Hektoliter, die der hohle Raum faßt, an.

Wiegt z. B. ein Faß leer 1 metr. Ztr. und voll Wasser 8 metr. Ztr., so enthält es 8 — 1 = 7 metr. Ztr. Wasser, faßt also 7 Hektoliter.

Sei ferner von einem Schiff bekannt, daß es 354 Tonnen enthalte, so heißt dieß, der Waarenraum desselben hat 354 Kubikmeter Inhalt und kann Waaren von 354 Tonnen oder 3540 metrischen Zentnern Gewicht aufnehmen.

Nach dem metrischen Gewicht ist das Gewicht des Zollvereins bereits normirt. Die Vergleichung des metrischen Gewichts mit dem Zollvereinsgewicht ergiebt:

1 Tonne = 2000 Pfd. = 20 Zollztr.
1 metr. Zentner = 200 Pfd. = 2 Zollztr.
1 Kilogramm = 2 Zollpfd.
1 Gramm = ¹/₅₀₀ Zollpfd.

und umgekehrt:

1 Zollztr. = 50 Kilogr. = ¹/₂ metr. Zentner.
1 Zollpfd. = 500 Gramm = ¹/₂ Kilogramm.

Außer diesen im ganzen Zollverein giltigen Gewichten bestehen aber in den einzelnen Staaten fort:

1) 3 verschiedene Eintheilungen des Pfunds in 32 Loth, 30 Loth und 10 Loth;

2) ein besonderes Mediziualgewicht mit 1 Pfd. = 357,64 Gramm und ganz ungereimter Untertheilung;

3) die Kölnische Mark = 233,864 Gramm für nicht gemünztes Gold und Silber, mit zweierlei Eintheilungen in Lothe und Karate;

4) ein besonderes Juwelengewicht, bestehend in einem Bruchtheil der Kölnischen Mark.

Die Verschiedenheit der Reduktionszahlen und die gleiche Bezeichnung verschiedener Größen durch dieselben Namen, wie Pfund für die Einheit des Handelsgewichts = 500 Gramm, und für die Einheit des Medizinalgewichts = 357,64 Gramm, Loth für ¹/₃₂ Zollpfund = 15,625 Gramm, für ¹/₃₀ Zollpfund = 16,667 Gramm, ¹/₁₀ Zollpfund = 50 Gramm und für ¹/₁₆ Mark = 14,613 Gramm, Karat für Gold = 9,742 Gramm und für Juwelen = 0,205 Gramm, Grän für edle Metalle = 0,812 Gramm und für Juwelen = 0,051 Gramm, sind die Ursache vieler Täuschungen und ewiger Reduktionsberechnungen. Zudem fehlen allen Gewichtsordnungen die kleineren Gewichte, denn die kleinsten Gewichte sind:

1 Richtpfennig = 974 Milligramm.
1 Halbgramm = 500 Milligramm.
1 Grän für Gold = 812 Milligramm.
1 Grän für Juwelen = 51 Milligramm.
1 Gran Medizinalgewicht = 62 Milligramm.

Aus diesem Grund wird schon seit längerer Zeit für genaue Gewichtsangaben stets nur rein metrisches Gewicht gebraucht.

Der deutsche Münzvertrag von 1857 hat das Markgewicht ganz auf die Seite gesetzt und für die Silbermünzen festgesetzt, daß aus 1 Pfund Feinsilber 30 Thaler oder 52¹/₂ süddeutsche Gulden oder 45 österreichische Gulden geschlagen

werden sollen gegen früher 14 Thlr. = 24 1/2 süddeutschen Gulden = 20 öster=
reichischen Gulden aus der feinen Mark, der Feingehalt ist ebenfalls zu 900 Tau=
sendstel und nicht zu 14 1/2löthig angegeben. Für das Gewicht der neugeschaffenen
Vereinsgoldmünze, der Krone, ist ebenfalls bestimmt worden, daß 50 aus einem
Pfund Feingold geschlagen werden sollen, und für den Feingehalt, daß dieser
900 Tausendstel sein soll, und nicht etwa nach dem alten Stil 21 1/2 Karat.
Dieser Vorgang beweist genug, daß Genauigkeit und Sicherheit nur dann erzielt
wird, wenn für alle Gewichtsvergleichungen einerlei Einheit zu Grunde gelegt
wird. Auch für die Gewichtsverhältnisse der zu Medizinen gebrauchten Körper,
sowie der in kleinen Mengen genauer abzuwiegenden Körper erweist sich das
Medizinalgewicht als unzureichend, da der Gran nicht klein genug ist und noch
viele Brüche nöthig macht, auch die Reduktionen ein beständiges Hemmniß bilden,
deßhalb hat die rationeller verfahrende Chemie, die sich ja auch mit Zersetzung
und Zusammensetzung von Stoffen beschäftigt, längst das metrische Gewicht an=
genommen, wodurch es möglich geworden ist, die in ihr auftretenden Zahlenver=
hältnisse mit Klarheit und Bestimmtheit auszudrücken. Auch für die ärztlichen
Rezepte mit ihren geheimnißvollen Hieroglyphen und die richtige Herstellung der
in ihnen vorgeschriebenen Heilmittel wäre es sicherlich von großem Werthe, wenn
nur zwei Gewichte, Gramm und Milligramm, darin aufträten.

Faßt man sämmtliche in den verschiedenen Maßordnungen gebrauchten Kör=
permaße sammt ihren Untertheilungen zusammen, so ergeben sich deren nicht
weniger als 13 mit mindestens 36 verschiedenen Namen.

Von diesen 13 Maßgruppen haben die meisten eigentlich gar keine Be=
ziehung zu einander; denn die Angaben hiefür, wie die Anzahl der Kubikfuße, die
der Eimer oder der Scheffel faßt, oder die Anzahl der Kubikzolle, die den In=
halt des Simri und Schenkmaßes u. dgl. angeben, sind nur nachträglich gefun=
dene Näherungswerthe. Noch ungereimter sind die Untertheilungen. Für die
Kubikmeilen gibt es eigentlich gar keine Untertheilung, für andere sind die durch
fortwährende Halbirung entstandenen Untertheilungen der Viertel, Achtel, Sech=
zehntel angewandt; nur die Kubikruthe steht mit ihren Untertheilungen in syste=
matischem Zusammenhang, der aber bei der Zwölftheilung (1 ℭ′ = 1728 ℭ″, 1 ℭ″ =
1728 ℭ‴. u. s. w.) nicht sehr durchsichtig ist. Zahllos sind die Schwierigkeiten,
welche diese Zusammenhangslosigkeit für das Behalten macht, und unerträglich
die Umrechnungen, welche schon für gewöhnliche Verhältnisse nöthig sind, ohne
von den Schwierigkeiten zu sprechen, welche z. B. die Raum= oder Gewichtsbe=
rechnung einer Wassermenge oder die Faßberechnung u. dgl. machen.

All dieß beseitigt das metrische System, welches für alle diese verschiedenen
Arten von Maßen nur eine einzige Maßeinheit, den Würfel der Längeneinheit,
den Meterwürfel oder das Kubikmeter enthält.

Dieser Würfel und seine in tausendfacher Abstufung auf= und absteigenden
Vielfachen und Untertheilungen genügen dazu, den Meßgehalt aller Raumgrößen

von den größten bis zu den kleinsten verständlich und klar anzugeben und die Umrechnungen unnöthig zu machen.

Das Kubikmyriameter ersetzt vollständig die geographische und die Landes-Kubikmeile, für kleinere Verhältnisse ist das Kubikkilometer mehr als ausreichend- die Würfel des Hektometers, Dekameters genügen für die Inhaltsberechnungen von Bergen, Hohlräumen im Großen, und die Würfel des Meters und seiner Untertheilungen für kleinere Räume, das Kubikmillimeter hat noch eine deutlich sichtbare Größe (wie ein Stecknabelknopf), und genügt für die Maßbestimmung der kleinsten noch sichtbaren Dinge, während hiefür der Würfel der Linie zu groß, und der Würfel der Zehntelslinie (des Punkts) zu klein ist.

Als Holzmaß dient derselbe Meterwürfel, nur mit der Bezeichnung Ster. Beim Hohlmaß tritt derselbe Meterwürfel auf und ist dort das Kiloliter, sein tausendster Theil, der Dezimeterwürfel, ist die Einheit unter dem Namen Liter Liter und Hektoliter dienen als Frucht- und Flüssigkeitsmaße für die Quantitäten im gewöhnlichen Verkehr. Das Kiloliter ist ein geeignetes Maß für große Quantitäten. Für sehr kleine Mengen erlauben die Untertheilungen bis zum Milliliter eine sehr einfache und genaue Maßbestimmung, wozu der Schoppen und die Unze weitaus nicht ausreichen. Eine große Erleichterung ist, daß für trockene Körper kein anderes Maß gilt, als für Flüssigkeiten.

Beim Gewicht tritt derselbe Meterwürfel wieder auf. Durch Vermittlung des seinen Raum einnehmenden Wassers giebt er ein Mittel zur Gewichtsbestimmung. Das Gewicht des tausendsten Theils davon — des Dezimeterwürfels Wasser — ist das Kilogramm, und das Gewicht des tausendsten Theils hievon — des Zentimeterwürfels Wasser — ist die Gewichtseinheit, das Gramm.

Die Vielfachen und Untertheilungen dieses Gramms, welche bis auf das Gewicht des Millimeterwürfels, also eines Stecknabelknopfes Wasser gehen, ermöglichen die genaueste Gewichtsangabe.

Der dezimale Aufbau dieser einzelnen Maßgrößen macht alle Rechnungen so einfach, daß die in andern Maßordnungen so schwierigen Umrechnungen ganz wegfallen oder auf Multiplikationen oder Divisionen mit 10 oder 100 oder 1000 und eine Aenderung der Namensbezeichnung — zu Kiloliter oder Tonne statt Kubikmeter und umgekehrt — sich beschränken.

Folgendes Schema zeigt, in welchem einfachen Zusammenhang die auf gleicher Linie stehenden Maße stehen.

Raummaß.	Holzmaß.	Hohlmaß.	Gewicht des Wasserinhalts der Hohlmaße.
10 Kubikmeter.	Dekafter.	—	—
Kubikmeter.	Ster.	Kiloliter.	Tonne.
1/10 Kubikmeter.	Dezister.	Hektoliter.	metr. Zentner.
Kubikdezimeter.	—	Liter.	Kilogramm.
Kubikzentimeter.	—	Milliliter.	Gramm.
Kubikmillimeter.	—	—	Milligramm.

7. Werthmaße.

Doch nicht bloß die Hülfsmittel für die Größen- und Massebestimmung, die Maße und Gewichte, auch die Mittel für die Werthausgleichung — die Münzen — stehen mit diesen metrischen Maßen im Zusammenhang.

Die Einheit der Münzen bildet ein genau 5 Gramm schwer in Münzsilber von 9/10 Feinheit, d. h. 9 Theilen Silber auf 1 Theil Zusatz ausgeprägtes Geldstück, Frank genannt.

Der hundertste Theil des Franken heißt Hundertstel oder »centime«.

Die Vielfachen des Franken haben keine besondern Namen, sondern werden mit gewöhnlichen Zahlen bezeichnet, als 10, 20, 50, 100 Franken.

Das Nähere über die Ausmünzung des metrischen Geldes enthält Abschnitt III. Die metrischen Maßstücke und ihre Normirung.

Die Vergleichung des Franken mit den deutschen Münzen ergibt:

$$1 \text{ Frank} = 8 \text{ Gr. norddeutsch.}$$
$$= 40 \text{ kr. österreichisch.}$$
$$= 28 \text{ kr. süddeutsch.}$$

und umgekehrt:

$$1 \text{ Thlr.} = 3 \text{ Fr. 75 Cent.}$$
$$1 \text{ österr. Gulden} = 2 \text{ Fr. 50 Cent.}$$
$$1 \text{ südd. Gulden} = 2 \text{ Fr. 14 Cent.}$$

Bei Bestimmung des Franken als Münzeinheit ist man sowohl hinsichtlich des Namens als hinsichtlich des Gewichts der Einheit einigermaßen von dem internationalen Standpunkt, den man bei Schöpfung der übrigen Maßgrößen einnahm, abgewichen.

Bei Schöpfung des Einheitsgewichts für Silber hätte strenge genommen das Gewicht von 1 oder 10 Gramm Münzmetall als solche genommen werden sollen, wie auch Holland bei seinem Gulden (10 Gramm Münzsilber von 0,945 fein) mit richtigem Takt gethan; dennoch aber hat das Frankensystem wegen der nahen Beziehung zwischen dem wirklichen Gewicht der fertigen Münzen und ihrem Werth einen großen Vorzug vor den übrigen Ausmünzungen, bei denen weder der Silbergehalt noch das Gewicht der fertigen Münzen in solch direktem Zusammenhang mit dem Werth steht, wie die Vergleichung mit andern Münzwährungen zeigt. Der Wirrwar der in dieser Beziehung heute noch besteht, zeigt sich am auffälligsten an den deutschen Münzsystemen. Es bestehen gegenwärtig in Deutschland noch 7 verschiedene Münzsysteme.

1) Der Dreißigthalerfuß (30 Thaler 1 Zollpfund feines Silber enthaltend), in Preußen und einigen andern Ländern:

$$1 \text{ Thaler} = 30 \text{ Groschen} = 360 \text{ Pfennige,}$$
$$1 \text{ Groschen} = 12 \text{ Pfennige.}$$

2) Der Dreißigthalerfuß in Sachsen:

1 Thaler = 30 Groschen = 300 Pfennige,
1 Groschen = 10 Pfennige.

3) Der Dreißigthalerfuß in Mecklenburg:

1 Thaler = 48 Schilling = 576 Pfennige,
1 Schilling = 12 Pfennige.

4) Der Dreißigthalerfuß in Hamburg auch Fünfundsiebzigmarkfuß genannt:

1 Thaler = 2½ Mark Courant = 40 Schilling = 480 Pfennige,
1 Mark = 16 Schilling = 192 Pfennige,
1 Schilling = 12 Pfennige.

5) Die Thalergoldwährung in Bremen:

1 Pistole oder Louisdor = 5 Thaler,
1 Thaler = 72 Grote =: 864 Schwaren,
1 Grote = 12 Schwaren.

6) Der süddeutsche Münzfuß (52½ Gulden 1 Pfund Feinsilber enthaltend):

1 Gulden = 60 Kreuzer = 240 Pfennige,
1 Kreuzer = 4 Pfennige.

7) Die österreichische Währung (45 Gulden 1 Pfund Feinsilber enthaltend):

1 Gulden = 100 Kreuzer.

Es kann das Gewicht von keinem dieser Münzstücke in irgend welchen Ge=
wichts=Einheiten ohne Bruch angegeben werden, auch läßt sich aus dem bekann=
ten Münzfuß nicht bei allen das Normalgewicht ohne weitere Correktur berechnen,
da diese Münzfüße manchmal nur Näherungswerthe*) sind. Ebenso geht nicht
in allen 3 Währungen eine ganze Anzahl Münzstücke auf's Pfund. Es gehen
nämlich auf das Zollpfund nicht ganz 27 Thaler zu 18,560 Gramm, nicht ganz
47¼ südd. Gulden zu 10,606 Gramm und gerade 40½ östreichische Gulden
zu 12,345 Gramm. Es wiegen 100 Thaler in preußisch eingetheiltem Zollge=
wicht 3 Pfund 15 Loth 3,6 Quint, 100 östr. Gulden in östreichisch eingetheiltem
Zollgewicht: 2 Pfund 4 Loth 6,9 Quint, 100 südd. Gulden in süddeutsch ein=
getheiltem Zollgewicht 2 Pfund 3 Loth 3½ Quint. Im Frankensystem dagegen
wiegt der Frank genau 5 Gramm, der Doppelfrank 10 Gramm und das Fünf=
frankenstück 25 Gramm und auf das Kilogramm gehen 200 Frankenstücke oder
100 Doppelfranken oder 40 Fünffrankenstücke und es wiegt eine Rolle von
100 Franken gerade ein Halbkilogramm, 100 Doppelfranken ein Kilogramm,
100 Fünffrankenstücke 2½ Kilogramm. Die Bedeutung eines so einfachen und
klaren Zusammenhangs zwischen Gewicht und Werth der Münzen ist nicht zu
unterschätzen. Es bedarf weder besonderer Gelehrsamkeit, noch Gedächtnißstärke,

---

*) 1 Pfund Feinsilber ist enthalten in 29,93 Thalern oder 52,265 südd. Gulden,
also nur annähernd in 30 Thalern oder 52½ südd. Gulden.

um denselben zu verstehen und festzuhalten. Die Münzen sind eigentliche Gewichtsstücke und die im Gewicht sich kundgebende Falschmünzerei kann von jedermann leicht ermittelt werden. Für Abschätzung gewogener Mengen von Silbermünzen bedarf es nur einer Umänderung des Namens Kilogramm in die Bezeichnung 100 Doppelfranken, um augenblicklich den Werth angeben zu können. Den Mangel an Consequenz im System, daß ein Münzstück von 5 Gramm und nicht ein solches von 1 oder 10 Gramm als Einheit gewählt wurde, hat nur Holland zu vermeiden gesucht, indem es ein Münzstück von 0,945 feinem Silber und gerade 10 Gramm Gewicht als Einheit mit dem Namen Gulden annahm leider aber denselben nicht mit dem gleich schweren Doppelfranken in der Feinheit des Münzmetalls in Uebereinstimmung brachte. In holländischen Gulden wiegen 100 Stück gerade ein Kilogramm; was in das rein metrische System besser taugt, als das Frankenverhältniß von 200 Stücken auf das Kilogramm.

---

8. Gruppirung und Eintheilung nach Zehn, Hundert und Tausend.

Mit Annahme des vollständig und streng dezimal gegliederten metrischen Systems stellt sich auch als Nothwendigkeit heraus, statt des Dutzends das Zehn und bei den Papiermaßen statt des Sexterns, des Buchs, des Rißes und Ballens Parthien von 10, 100 und 1000 Bogen zu nehmen (1 Ballen Druckpapier = 5000 Bogen wäre also = 5 solcher Mill), überhaupt überall wo es die Natur der Gegenstände erlaubt, die Gruppirung nach 10, 100 oder 1000 zu wählen, da dieß alle Rechnungen so wesentlich erleichtert. Dasselbe sollte stattfinden für die Untertheilungen, z. B. für die Eintheilung der Entfernung zwischen Eispunkt und Siedepunkt auf dem Thermometer auch für das bürgerliche Leben in 100 statt in 80 oder 180 gleiche Theile, Grade genannt, wie es die Wissenschaft nach dem Vorgang des Celsius längst angenommen hat, dann die Eintheilung des Kreisquadranten nach dem Muster der Grundmaßbestimmung aus dem Meridianquadranten in 100 gleiche Theile, Grade genannt, mit fortgesetzter Zehntheilung derselben.

---

9. Schluß.

Faßt man zum Schluß alle Vortheile des metrischen Maßsystems im Vergleich mit allen übrigen Maßordnungen zusammen, so bestehen diese darin:

Durch Schöpfung einer von allen übrigen Einheiten so wesentlich verschiedenen und mit den unveränderlichen Dimensionen der Erde so einfach zusammenhängenden

3

Maßeinheit und durch Bezeichnung dieser Maßeinheit mit dem der internationalen altgriechischen Sprache entnommenen Wort Meter ist ein sicheres Grundmaß gewonnen, das eben wegen seiner Verschiedenheit von den alten Einheiten in Größe und Namen keine Verwechslungen mehr zuläßt.

Durch Anpassung der auf- und absteigenden Gliederung der metrischen Maßgrößen an den dezimalen Bau unseres Zahlensystems ist der Zusammenhang der Vielfachen und Untertheilungen des Grundmaßes einfach und klar geworden.

Durch Bezeichnung dieser Glieder mit Hülfe der dem Namen der Einheit als Vorschlagssilben vorgesetzten Zahlwörter aus den beiden internationalen Sprachen der gebildeten Welt, der griechischen und lateinischen Sprache, ist der Zusammenhang dieser Glieder mit der Einheit durch die Bezeichnung selbst angegeben.

Durch strengen Anschluß der für die 6 verschiedenen Arten von Maßausgleichungen nöthigen 6 Arten von Maßeinheiten an das Grundmaß ist eine solche Einfachheit in das ganze Maßsystem gekommen, daß für Bekanntschaft mit dem ganzen System nur noch die Kenntniß der 7 griechischen und lateinischen als Vorschlagssilben gebrauchten Zahlenwörter, nehmlich: Myria = 10 000 Kilo = 1000, Hekto = 100, Deka = 10, Dezi = ¹/₁₀, Zenti = ¹/₁₀₀, Milli = ¹/₁₀₀₀, und die Bekanntschaft mit den 6 Einheiten, nehmlich:

1) für Längenmaß: die Grundeinheit, das Meter, der zehnmillionste Theil des Erdquadranten;
2) für Feldmaß: das Ar = Fläche von 100 Meter-Quadrat;
3) für Holzmaß: das Ster = Raum von 1 Meterwürfel;
4) für Hohlmaß: das Liter = Raum von 1 Dezimeterwürfel;
5) für Gewichtsmaß: das Kilogramm = Gewicht von 1 Liter Wasser;
6) für Werthmaß: der Frank = Silbermünze von 5 Gramm Gewicht;

also von nur 7 Zahlenwörtern und 6 Einheitsnamen, zusammen 13 Bezeichnungen nöthig ist, zu welchen nur noch 2 alte Namen, nehmlich Zentner und Tonne kommen, während die alten Maßordnungen theilweise 50 verschiedene Bezeichnungen und 24 verschiedene unzusammenhängende Einheiten enthalten.

Bei Benützung dieser metrischen Maßgrößen mit ihrem klaren Zusammenhang wird nicht nur der Aufwand an Arbeit des Gedächtnisses, sondern auch an Arbeit des Denkvermögens für Berechnungen, die ja auch die Maschine ausführen kann, auf ein Minimum reduzirt, sowie anderseits die Möglichkeit unabsichtlicher Täuschung vermindert, die Möglichkeit absichtlicher Täuschung aber erschwert.

Dieser Erleichterung durch das metrische Maßsystem stehen gegenüber die zahllosen Umrechnungen, welche die alten Maßordnungen nicht nur zwischen den Maßen verschiedener Länder, sondern auch sogar zwischen den Maßgruppen desselben Landes, ja zwischen den Gliedern der einzelnen Gruppen selbst nöthig machen.

Es wird deßhalb in gegenseitiger Abwägung all dieser Vor- und Nachtheile die Schlußfolgerung erlaubt sein:

Das metrische Maß- und Gewichtssystem verdient durch die sinnreiche

Wahl seiner Einheiten, die Einfachheit seiner Gliederung und die Erleichterung, die es in das Maß- und Rechnungsgeschäft bringt, den Vorzug vor allen anderen Maßordnungen und ist allein fähig, als internationales Maßsystem eingeführt zu werden.

II.

Die metrischen Meßgeräthe und ihre Normirung.

1. Normal-Maße und Gewichte.

Controle und Berichtigung der Verkehrs-Maße und Gewichte.

Nach Aufstellung des metrischen Systems tritt als nächste Aufgabe auf, die nöthigen Meßgeräthe herzustellen und richtig zu erhalten, um die Messungen nach diesem System auszuführen. Die Maße, nach welchen die für den Verkehr bestimmten Meßgeräthe (Meß-Ketten und Bänder, Maßstäbe, Gefäße, Gewichte und Münzen) gesetzlich gefertigt werden müssen, nennt man Normal- oder Muttermaße. Als Grundmaß für das metrische System dient der zehnmillionste Theil des nördlichen Meridian-Quadranten der Erde. Da dieses Grundmaß nicht wirklich fertig in der Natur vorhanden ist, sondern erst durch Messung ermittelt werden muß, hat man einen Maßstab aus Platina gefertigt, welcher das Resultat einer solchen mit der größtmöglichsten Genauigkeit angestellten Messung darstellt und als Repräsentant des Grundmaßes und oberstes Normalmaß gilt.

Obgleich spätere Messungen andere Resultate für den nördlichen Meridian-Quadranten ergeben haben und bei größerer Präzision der Meßinstrumente stets andere Resultate ergeben werden, hat man sich bis jetzt nicht veranlaßt gesehen dieses oberste Normalmaß zu ändern, weil diese Aenderung für das Normalmaß zu unbedeutend wird, als daß sie in Betracht käme (es handelt sich um Tausendstels-Millimeter) und weil durch Aenderungen der sichere Bestand des Maßwesens Noth leidet, demgemäß ist festgesetzt worden.

Als Grundlage für die metrischen Maße dient diejenige Längengröße, welche durch das zu Paris aufbewahrte Mètre des archives bei der Temperatur des schmelzenden Eises dargestellt wird.

Als Grundlage für die metrischen Gewichte dient dasjenige Gewicht, welches das zu Paris aufbewahrte Kilogramme prototype bei 4° C hat, dieß ist das Gewicht des Dezimeterwürfels Wasser bei 4° C im luftleeren Raum.

Mit diesen Urmaßen für Länge und Gewicht wurden durch eigens bestellte Commissionen die anderwärts hergestellten Urmaße verglichen und bei Anwendung besonderer Hilfsmittel kleine Unterschiede gefunden. So wurde das im Besitz der K. preußischen Regierung befindliche Meter aus Platina zu 1,00000301 gefunden, also um 0,003 M/M oder ³/₁₀₀₀ Millimeter zu lang, ein Unterschied der so klein ist, daß wir keine Vorstellung mehr dafür haben. Dagegen wurde das im Besitz der preußischen Regierung befindliche Kilogramm aus Platina zu 0,999999842 Kgr gefunden, also um 0,158 Mgr oder nahezu ¹/₆ Milligramm d. h. den sechsten des Gewichts eines Wassertropfens von der Größe eines Stecknadelknopfs zu gering, abermals ein Unterschied, für den wir keine Vorstellung mehr haben.

Diese Urmaße und Urgewichte werden mit besonderer Sorgfalt aufbewahrt z. B. in Belgien in einem Kasten mit 3 verschiedenen Schlössern, der Schlüssel des einen ist in den Händen des Senatspräsidenten, der des zweiten in Händen des Kammerpräsidenten und der des dritten in Händen des Ministers des Innern. Nur in Gegenwart dieser 3 Schlüsselbewahrer und während die Kammer einberufen ist, kann der Kasten geöffnet und eine Vergleichung mit den Urmaßen vorgenommen werden. Diese ersten Kopien der in Paris befindlichen Grundmaße gelten als Urmaße I. Rangs.

Von jedem derselben ist eine zweite Kopie für das Ministerium des Innern genommen. Dieselben gelten als Urmaße II. Rangs und werden alle 10 Jahre durch eine eigens bestellte Königl. Commission mit den Urmaßen I. Rangs verglichen. Die Protokolle über diese Vergleichungen werden bei der Kammer und im Duplikat beim Ministerium des Innern aufbewahrt.

Von diesen Urmaßen II. Rangs sind für die einzelnen Pfechtämter Kopien als Urmaße III. Rangs genommen und werden alle 2 Jahre mit den Urmaßen II. Rangs durch eine vom Ministerium des Innern ernannte Commission verglichen. Das Protokoll hierüber bleibt beim Ministerium und wird in Abschrift dem betreffenden Pfechtamt zugestellt. Jedes dieser Urmaße III. Rangs ist mit seinem metrischen Namen, einer besonderen Nummer, einem Stempel und der Aufschrift Urmaß III. Rangs (étalon de troisième rang) bezeichnet. Dieselben dürfen nicht aus dem Amtslokal entfernt werden, sondern für die Controle der Maße und Gewichte bei den regelmäßigen Rundreisen hat sich der Pfechtmeister auf eigene Kosten Mustermaße, die er nach seinen Urmaßen III. Rangs normirt, zu verschaffen. Erst mit diesen vergleicht er alle 2 Jahre die im öffentlichen Verkehr befindlichen Maße und Gewichte seines Bezirks.

Für diese Maß- und Gewichtscontrole sind sehr genaue Vorschriften sowohl hinsichtlich des Grades der Genauigkeit, der Art der Stempelung, der Strafen für Uebertretung und ähnliches festgesetzt, um die durch das metrische System ermöglichte Sicherheit und Genauigkeit in den für den Verkehr dienenden Meßgeräthen zur Thatsache zu machen.

Die Maße und Gewichte werden schon bei dem Verfertiger controlirt und gestempelt und nachher, wenn sie in Verwendung gekommen sind, mindestens alle 2 Jahre nachgeprüft. Da die vollständige Berichtigung nicht immer möglich ist, so ist in der Regel festgesetzt, um wie viel die Maße und Gewichte zu groß sein dürfen, zu klein dürfen sie nie sein. Dagegen müssen stets vollständig genau berichtigt sein wie die Normalmaße: die Gewichte der Dezimal= und Zentesimal= Waagen, die Muster=Normal=Maße und Gewichte der Maß= und Gewicht=Verfertiger und der beeidigten Messer, die Gewichte der Apotheker und die für Wiegung von Gold und Silber und andern kostbaren Stoffe bestimmte Gewichte.

Zur Ausführung dieser Berichtigungen sind geprüfte Pfechtmeister bestellt, welche durch das Staatsoberhaupt ernannt werden und die Pfechtung in be= stimmten Bezirken vorzunehmen haben. Dieselben dürfen kein weiteres Amt haben, auch kein Gewerbe betreiben, das der Maß= und Gewichts=Controle unter= liegt. Die für die Pfechtung nöthigen Geräthe und Normalmaße III. Rangs erhalten sie vom Staat und werden in ihren Funktionen durch einen besonderen ministeriellen Commissär von Zeit zu Zeit controlirt. Ueber die wirkliche Ver= wendung der gepfechteten Maße und Gewichte im Handel wacht die Gemeinde durch ihre Beamten.

In Belgien z. B. das ein sehr geordnetes Maßwesen hat, befinden sich 4 Pfechtämter I. Klasse mit 3000 Franken Besoldung, zu Brüssel, Antwerpen, Gent und Lüttich, 10 Pfechtämter II. Klasse mit 2600 Franken Besoldung, zu Brügge, Mons, Namur, Hassett, Doornyk, Charleroi, Mecheln, Löwen, Kortryk und Termonde; 8 Pfechtämter III. Klasse mit 2200 Franken Besoldung zu Arlon, Verviers, Dinant, Nivelles, Ypres, Huy, Aubenarde und Marche, also im Ganzen 22 Pfechtämter.

Dieselben haben die neuen und neuhergestellten Maße und Gewichte zu pfechten und zur Berichtigung der bereits im Gebrauch befindlichen jährlich in der Hälfte der Gemeinden ihres Bezirks Rundreisen zu machen.

---

2. Nominelle und reelle Maße. Zulässige Zwischenmaße.

Unter den im metrischen System enthaltenen Maßgliedern unterscheidet man solche, die nur Maßbezeichnungen sind und nicht wirklich als Meßge= räthe zur Ausführung von Messungen hergestellt werden können, als nominelle Maße von denjenigen Maßgliedern, die wirklich als Meßgeräthe hergestellt werden und zu Ausführung der Messungen benützt werden können und deßhalb reelle Maße heißen. Zu den nominellen Maßen gehören z. B. die großen Längenmaßglieder: Myriameter, Kilometer und Hektometer, während die Maß= glieder vom Dekameter abwärts bis zum Millimeter reelle Maße sind.

Bei Ausführung der Messungen zeigt sich ferner die Nothwendigkeit, außer den Meßgeräthen für die systematischen Maßglieder noch Mehrfache derselben als Zwischenmaße zu haben. Um aber den mit solchen Zwischenmaßen gemessenen Meßgehalt ohne Schwierigkeit in den verwandten systematischen Maßgliedern aus= drücken zu können, ist es zweckmäßig, nur solche Zwischenmaße zuzulassen, welche ohne Brüche in den zunächst größeren Maßgliedern enthalten sind. Da in der Zahl 10, welche die Grundzahl des Zahlen= und Maßsystems ist, nur die Zahlen 2 und 5 ohne Bruch enthalten sind, können auch als Zwischenmaßglieder nur die 2= und 5fachen systematischer Maßglieder angewandt werden. Das 5fache eines systematischen Maßgliedes kommt aber überein mit der Hälfte des nächst größeren systematischen Maßgliedes, deßhalb drückt man sich dahin aus:

Als Zwischenglieder zwischen den systematischen Maßglie= dern eignen sich nur ihre Hälften und Doppelten.

Man hätte demnach für die Maße von Dekameter bis Dezimeter folgende Gruppen:

Die Dekameter=Gruppe.	Doppeldekameter
	Dekameter
	Halb=Dekameter
Die Meter=Gruppe.	Doppel=Meter
	Meter
	Halb=Meter
Die Dezimeter=Gruppe.	Doppel=Dezimeter
	Dezimeter
	Halb=Dezimeter

Ganz ähnlich ergeben sich die Maßgruppen für die Holzmaße, Hohlmaße und Gewichte.

Da diese Zwischenmaßglieder nur Auskunftsmittel sind für bequemere Aus= führung der Messung mit den für die spezielle Art der Messung geeignetsten Meßgeräthen, versteht es sich von selbst, daß sie nicht für die nominellen, son= dern nur für die reellen Maßglieder nöthig sind und daß es um Mißverständ= nisse und die so störende Vielzahl von Namen zu vermeiden, das einfachste ist, sie mit ihrer Größenbezeichnung als Halbe und Doppelte auch zu benennen ohne neue Namen zu schöpfen, wie es mit den Mehrfachen und Untertheilungen im metrischen System überhaupt der Fall ist. Der Versuch neue Namen einzu= führen führt z. B. bei den Längenmaßgliedern leicht zu der Irrung, solche Zwi= schenmaße mit selbständigen Maßen zu verwechseln und darauf Flächen= und Kör= permaßglieder zu gründen, die als 4= und 8fache oder Viertel und Achtel der systematischen Flächen= und Körpermaßglieder im Dezimalsystem unzulässig sind.

Nach diesem Grundsatz sind die Meßgeräthe für die einzelnen Arten der Messung ausgewählt, wie Nachfolgendes zeigt.

'

3. Metrische Längenmaße.

A. Nominelle Maße sind:

1) das Myriameter für geographische Längen,
2) das Kilometer für Weglängen,
3) das Hektometer, für kleinere Weg und größere Feldlängen.

Um an den Straßen der Städte, den Landstraßen und Eisenbahnen die einmal vorgenommene Messung stets wieder benützen zu können, werden in den Städten in je 1 Hektometer Entfernung vom Ausgangspunkt und auf den Land=straßen und Eisenbahnen in je 1 Kilometer Entfernung kleinere und in je 1 My=riameter Entfernung größere Marksteine mit Bezeichnung der Entfernung gesetzt.

Wird das metrische Maßsystem in seiner vollen Ausdehnung, auch mit Zugrundelegung der zentesimalen Kreis= und Winkeltheilung gebraucht, wobei der Viertelskreis statt in 90 in 100 Bogen=Grade, der Grad statt in 60 auch in 100 Bogen=Minuten und die Bogen=Minute in 100 Bogen=Sekunden getheilt wird, so ist für den größten Kreis der Erde der Grad = 100 Kilometer oder 10 Myriameter, die Minute = 1 Kilometer und die Sekunde = 1 Dekameter.

Die Seemeile, welche die Länge einer Bogenminute des größten Kreises also $^1/_{5400}$ des Quadranten war, würde dann $^1/_{10000}$ desselben und gerade ein Kilometer, wodurch das Wegmaß zu Land und Wasser dasselbe würde und der Zusammenhang zwischen den neuen Seemeilen und den neuen Bogenminuten nach wie vor derselbe bliebe. Die neuerdings häufiger gefertigten Instrumente mit zentesimaler Winkeltheilung ermöglichen die direkte Winkelbestimmung in solchen Graden.

B. Reelle Maße.

Alle übrigen Maßglieder sind als Meßgeräthe hergestellt und zwar:

I. Für Messung größerer Längen, besonders für Feldmessung:

Die Dekameter-Gruppe. { das Doppel=Dekameter
das Dekameter
das Halb=Dekameter.

Dieselben sind ausgeführt als Meßketten mit eisernen Gelenkgliedern in Form von Eisenstäben, die an jedem Ende mit einem Oehr versehen und unter einander durch Ringe verbunden sind. Die Länge je eines Gelenkglieds sammt Verbindungsring vom innern Rand eines Oehrs bis zum innern Rand des Rings am andern Oehr gemessen beträgt beim Doppel=Dekameter ein Halb=Meter und beim Dekameter und Halb=Dekameter ein Dezimeter oder Doppel=Dezimeter. Die Ringe welche die einzelnen Meter bezeichnen, bestehen aus einem in der Farbe abstechenden Metall, in der Regel aus Kupfer. Die beiden äußersten Gelenkglieder sind zu Handhaben gebogen, vermittelst welcher die Kette gespannt und durch in den Boden eingeschlagene Stäbe bei der Messung befestigt wird. Die Gesammtlänge der Kette wird vom innern Stand der einen Handhabe bis zum innern Rand der andern gerechnet.

Diese Ketten werden nach der Herstellung amtlich berichtigt, müssen aber da ihre Länge sich beim Gebrauch anfänglich ändert, von den Geometern, die sie benützen, wiederholt mit einem Normalmeter aus Metall nachgeprüft und berichtigt werden. Die Messung mit solchen Meßketten ist ungültig, wenn der Fehler am Doppel=Dekameter mehr als + 3 M/M am Dekameter mehr als + 2 M/M und am Halb=Dekameter mehr als + 1,5 M/M beträgt. Der geduldete Fehler beträgt also in Bruchtheilen der Meßkette:

beim Doppel=Dekameter: + 0,00015 oder ¹⁵/₁₀₀ ₀₀₀
beim Dekameter: + 0,00020 oder ²⁰/₁₀₀ ₀₀₀
beim Halb=Dekameter: + 0,00030 oder ³⁰/₁₀₀ ₀₀₀.

Diese Ketten dürfen in Belgen seit 1859 und in Frankreich seit 1860 durch ebenso lange Bänder von ungehärtetem Stahl von 1 Z.M. Breite und ¼ M/M Dicke ersetzt werden. Die Dezimeter oder Doppel=Dezimeter sind an benselben durch runbköpfige Nietstifte aus Kupfer und die Meter durch größere Nietstifte oder doppelte Nieten derselben Art beiderseits angeben. Das Band endigt an jedem Ende beiderseits mit einem Handgriff in Form eines Bügels, der mittelst Nieten befestigt ist. Seine Länge wird von der innern Seite des einen Bügels bis zur innern Seite des andern genommen. Zu bequemerer Aufbewahrung dient eine cylindrische Büchse durch deren Mitte eine Achse geht, auf welche das Stahl= band mittelst einer Kurbel aufgerollt und durch eine seitliche Oeffnung nach Be= dürfniß herausgezogen werden kann.

Für den Privatgebrauch zu Messungen bei denen es nicht auf die äußerste Genauigkeit ankommt, werden solche Bandmaße auch aus Leder= oder Baumwoll= bändern gefertigt, doch werden dieselben selbstverständlich amtlich nicht anerkannt. Wegen der Bequemlichkeit der Handhabung sowie des kleinen Raums, den sie trotz ihrer Länge einnehmen, sind diese Bandmaße sehr beliebt und allgemein in Aufnahme gekommen.

Für Deutschland, wo die Meßketten weniger beliebt sind und die Meß= stangen vorzugsweise gebraucht werden, wäre gerade das Halb=Dekameter als hölzerne Meßstange mit Metallenden für die gewöhnliche Feldmessung besonders bequem. Auf demselben wären die Theilstriche für die Meter, auf dem äußersten Meter die Theilstriche für die Dezimeter und auf dem äußersten Dezimeter die Zentimeter vertieft und mit kontrastirender Farbe oder vermittelst rundköpfiger Stifte deutlich anzugeben.

Die Schätzung würde sich statt wie bisher auf Bruchtheile des Zolls, auf Fünftel des Zentimeters, also auf doppelte Millimeter erstrecken.

II. Für Messung von Längen in Gewerbe und Handel.

Die Meter-Gruppe.
{ Das Doppel-Meter
  das Meter
  das Halb-Meter

mit Eintheilung in Dezimeter und Zentimeter und wenigstens auf die Länge eines Dezimeters in Millimeter. Die Theilstriche für die Dezimeter sind am längsten und sind je mit der Anzahl der vom einen Ende bis dahin enthaltenen Zentimeter also mit 10, 20, 30, 40, 50, 60, 70, 80, 90 bezeichnet, das man auf diesen Maßstäben nach Zentimetern abzulesen pflegt. Die Theilstriche für die Zentimeter sind kürzer als die für die Dezimeter und die für die Millimeter noch kürzer und zwar ist je der fünfte Theilstrich jeder Gattung etwas größer als die übrigen zugehörigen Theilstriche.

Die Maßstäbe werden aus einem Stück in Holz oder Metall, für den Privatgebrauch auch zum Zusammenlegen mittelst Charnieren nach Dezimetern oder Doppel-Dezimetern abgetheilt aus Holz, Metall, Elfenbein, Fischbein oder Horn immer aber an den Enden mit Metall-Bügeln, die in die Länge des Maßstabs eingerechnet sind, gefertigt.

Für Techniker wird die Eintheilung auch auf Spazierstöcken angebracht, die jedoch zum Schutz der Enden oben einen angeschraubten Knopf und unten eine angeschraubte Zwinge haben müssen, welche bei Ausführung der Messung abzunehmen sind. Diese Stöcke werden auch durch besondere Vorrichtung zur Verlängerung auf die Länge von 2 Metern eingerichtet.

Bei Messung von Stoffen, sowie bei amtlich giltigen Messungen darf man sich nur der steifen Maßstäbe bedienen, die hiezu eine hinreichende Stärke des Querschnitts haben müssen. Da das Meter für Messung von Langwaaren mittelst Nachziehen des Maßstabs etwas groß ist, bedient man sich zu solchem Messen des Halb-Meters oder man befestigt das Meter in wagrechter Stellung vermittelst einer an der Decke des Zimmers angeschraubten Schiebe-Vorrichtung ähnlich der an den zum Auf- und Abschieben eingerichteten Gaslampen. Diese Art der Befestigung ist für das Publikum besonders vertrauenerweckend, weil es dem Messen an dem so befestigten Meter sehr gut zusehen kann, auch wird die Messung genauer, weil nicht so oft abgesetzt wird.

Die im Handel und Gewerbe gebrauchten Maßstäbe werden von Zeit zu Zeit geprüft, sie müssen aus gutem Material gefertigt sein und dürfen keinen sichtbaren Fehler namentlich keine Bruchstelle zeigen, damit sie beim Gebrauch sich nicht verändern können. Die Theilstriche müssen scharf und senkrecht auf die Längenrichtung sein, auch dürfen keinerlei Zeichen, die sich auf die alten Maße beziehen, sich darauf befinden. Auf denselben muß ferner in lesbarer und unzerstörbarer Schrift der Name des Maßstabs, sowie Name oder Zeichen des Verfertigers ober Verkäufers angebracht fein. Die Maßstäbe dürfen nie kürzer als das Normalmaß fein, das gebulbete Uebermaß beträgt:

für das Doppel=Meter in Holz 1,5 M/M ober 0,00075 (= $^{75}/_{100\,000}$) beffelben, unb in Metall 0,2 M/M ober 0,00010 (= $^{10}/_{100\,000}$) beffelben,

für das Meter in Holz 1 M/M ober 0,001 (= $^1/_{1000}$) beffelben unb in Metall 0,1 M/M ober 0,0002 (= $^2/_{10\,000}$) beffelben,

für das Halb=Meter in Holz 0,6 M/M ober 0,0012 (= $^{12}/_{1000}$) beffelben unb in Metall 0,1 M/M ober 0,0002 (= $^2/_{10\,000}$) beffelben.

Maßstäbe bie ein größeres Uebermaß als das angegebene zeigen, sinb gesetzlich ungiltig, sowie bie bamit vorgenommenen Messungen.

Außer biefen legalen Maßstäben haben sich Banbmaße von 150 Zentimetern mit befonberer Numerirung ber einzelnen Zentimeter im Bekleibungsgewerbe befonbers beliebt gemacht, ba sie sich vorzüglich eignen um ben Umfang von Körperformen zu messen. Auch im Gewerbe eignen sich biefelben zur Messung bes Umfangs von Röhren.

III. Für Messung kleiner Längen.

Die Dezimeter=Gruppe.
{ Das Doppel=Dezimeter
bas Dezimeter
bas Halb=Dezimeter

mit Eintheilung in Zentimeter unb Millimeter. Die Theilstriche für bie Zentimeter sinb je nach ber Anzahl ber vom einen Enbe bis bahin enthaltenen Millimeter also mit 10, 20, 30 bezeichnet, ba man auf biefen Maßstäben nach Millimetern abzulefen pflegt. Die Theilstriche für bie Millimeter sinb kürzer als bie für bie Zentimeter unb bie für 5 Millimeter etwas über bie übrigen vorstehend.

Ueber bie Maßstäbe biefer Gruppe, welche hauptsächlich zum Zeichnen, sowie zur Messung von Banb=Breiten, ferner als Kalibermaße zur Messung von Draht= unb Blechbicken bienen, gelten biefelben Vorschriften, wie für bie vorhergehenben. Das gebulbete Uebermaß ist mit bem ber beiben anbern Gruppen in nachfolgenber Tabelle zusammengefaßt:

Name des Maßes.	Geduldeter Fehler bei Herstellung in			
	Holz.		Metall.	
	Millimeter.	Bruchtheil des Meßgeräths.	Millimeter. *)	Bruchtheil des Meßgeräths.
I. Gruppe des Dekameters. Ketten und Stahlbänder.				
Doppel-Dekameter ..	—	—	± 3,0 —	0,00015
Dekameter	—	—	± 2,0 —	0,00020
Halb-Dekameter	—	—	± 1,5 —	0,000 30
II. Gruppe des Meters. Maßstäbe.			**)**	
Doppel-Meter	+ 1,5 —	0,00075 —	+ 0,2 —	0,00010
Meter	+ 1,0 —	0,00100 —	+ 0,2 —	0,00020
Halb-Meter	+ 0,6 —	0,00120 —	+ 0,1 —	0,00020
III. Gruppe des Dezimeters. Maßstäbe.			**)**	
Doppel-Dezimeter ...	+ 0,4 —	0,002 —	+ 0,1 —	0,0005
Dezimeter	+ 0,3 —	0,003 —	+ 0,1 —	0,0010
Halb-Dezimeter	—	—	+ 0,1 —	0,0020

*) Uebermaße oder Abmangel d. h. diese Maße dürfen um beziehungsweise 3..2..1 M/M zu lang oder zu kurz sein.

**) Uebermaß. Die Maßstäbe dürfen nie zu kurz und nur um die angegebenen Größen zu groß sein.

4. Metrische Flächenmaße.

Die Flächenmaße dienen dazu die Ausdehnung von Flächen, wie Wand=, Gewebe=, Land=, Wasser=, Feld=, Waldflächen und dgl. mit Flächen von bekannter Ausdehnung zu vergleichen. Man nennt sie auch Quadratmaße, weil die Aus= führung der Flächenmessung gewöhnlich darin besteht, die Flächen mit einem Quadrat von bekannter Ausdehnung in Vergleich zu setzen. Die Flächenmaße für Ländereien heißen Feldmaße und die für größere Bezirke, wie Provinzen, Staaten, Con= tinente geographische Maße.

Die Flächenmaße sind sämmtlich nominelle Maße.

Die Geometrie lehrt, wie der Inhalt der Flächen durch Berechnung aus gewissen geradlinigen Ausmessungen (Länge und Breite oder Grundlinie und Höhe) gefunden wird. Da deßhalb für Ermittlung des Flächeninhalts stets nur Messung gewisser Längengrößen und nachfolgende Berechnung nöthig ist, gibt es keine besonderen Meßgeräthe für Flächenmessung und eben darum sind auch keine Hälften und Doppelten der systematischen Maßgrößen nöthig. Die Messung der nöthigen Längen wird mit Hülfe der entsprechenden Gruppen von Meßgeräthen ausgeführt, also bei Feldmessung mit den Meßgeräthen der Dekameter-Gruppe, bei mittelgroßen Flächen an Gebäuden, von Geweben u. dgl. mit den Meßgeräthen der Metergruppe und bei kleinen Flächen mit den Meßgeräthen der Dezimetergruppe. Das Resultat der Rechnung wird in den bezüglichen Flächenmaßgliedern ausgedrückt, also bei der Feldmessung in Dekameter-Quadraten, welche die Einheit der Feldmaße unter dem Namen Ar bilden. Für eine Anzahl von 100 Ar oder das Hektometer-Quadrat tritt die systematische Benennung Hektar und für den hundertsten Theil des Ars oder des Meter-Quadrat die zugehörige systematische Benennung Zentiar ein. Diese 3 zentesimal sich abstufenden Feldmaßglieder, welche zugleich Ausdrücke für einfache Quadrate von Längenmaßgliedern sind, sind die einzigen, die im Verlauf der Zeit von den 7 bezimal sich abstufenden Maßgliedern der Feldmaße nämlich:

Das Myriar = 10000 Ar oder Kilometer-Quadrat
       = 10 Kiliar.
Kiliar = 1000 Ar
      = 10 Hektar.
Hektar = 100 Ar oder Hektometer-Quadrat
      = 10 Dekar.
Dekar = 10 Ar
Ar = Dekameter-Quadrat, die Einheit.
     = 10 Deziar.
Deziar = 0,1 Ar
      = 10 Zentiar.
Zentiar = 0,01 Ar oder Meter-Quadrat

im Gebrauch geblieben sind. Durch das Kilometer-Quadrat = 100 Hektar wird die Brücke zum geographischen Flächenmaß und durch das Zentiar = 1 M² die Brücke zum gewerblichen Flächenmaße gebildet. Will man streng nach der Natur der Sache bei den rein nominellen Flächenmaßen verfahren, so muß man als Theiler für den Aufbau des Systems nicht 10, sondern 100 nehmen, aber dann bis zum Kilometer-Quadrat oder Myriar weitergehen. Die Stufenleiter der Maßglieder ist dann:

Das geographische Flächenmaß;
  das Myriar oder Kilometer-Quadrat = 10000 Ar
     = 100 Hektar.

Das Feldmaß:
  das Hektar oder Hektometer-Quadrat =   100 Ar
    = 100 Ar
  das Ar oder Dekameter-Quadrat   =   1 Ar
    = 100 Zentiar
  das Zentiar oder Meter-Quadrat   = 0,01 Ar

Das gewerbliche Flächenmaß:

das Meter=Quadrat = 1 Zentiar
= 100 D/M²
das Dezimeter=Quadrat = 0,01 M²
= 100 Z/M²
das Zentimeter=Quadrat = 0,0001 M²
= 100 M/M²

Das kleinste Flächenmaß:

das Millimeter=Quadrat = 0,000001 M².

5. Metrische Körpermaße.

A. Messung einzelner Körper.

Die Körpermaße dienen dazu, den Rauminhalt von Körpern z. B. einer Erd= oder Steinmasse, einer Wasser=, Kohlen= oder Kornmenge, mit dem bekannten Rauminhalt anderer Körper zu vergleichen. Die Ausführung heißt Kubatur und der gefundene Rauminhalt kubischer Inhalt, weil das Ver= fahren darin besteht den zu bestimmenden Rauminhalt mit dem Rauminhalt von Kuben oder Würfeln von bekanntem Rauminhalt in Vergleich zu setzen.

Die Betrachtungen der körperlichen Geometrie zeigen, wie der Rauminhalt der einfachen Körper durch Berechnung aus gewissen geradlinigen Längen=Aus= messungen, die man als Länge, Breite, Höhe bezeichnet, gefunden wird, deßhalb sind für solche Körpermessung außer den Längenmaßstäben keine weiteren Meß= werkzeuge nöthig. Das Resultat der Berechnung wird in den betreffenden Wür= feln der Längenmaßglieder ausgedrückt, dieselben sind daher sämmtlich nomi= nelle Maße. Der Theiler für die Würfel der Längenmaße ist 1000. Es dient:

für den Rauminhalt von Weltkörpern:
der Myriameterwürfel = 1000 K/M³
für den Rauminhalt von Bergen, von Salz=, Kohlen=, Silber= und sonsti= gen Bergwerken:

der Kilometerwürfel = 1000 H/M³
der Hektometerwürfel = 1000 D/M³
der Dekameterwürfel = 1000 M³

für den Rauminhalt von gewerblich bearbeiteten Körpern, Steinen, Baum= stämmen, Metallen, der Meterwürfel = 1000 D/M³

der Dezimeterwürfel = 1000 Z/M³

der Zentimeterwürfel = 1000 M/M³

für den Rauminhalt der kleinsten noch sichtbaren Dinge: der Millimeterwürfel.

B. Messung einer Ansammlung von Körpern.

Für Körper, die in größerer Menge gebraucht werden und für welche die Bestimmung ihrer wirklichen Raumausfüllung unmöglich wäre, begnügt man sich mit einer Bestimmung des Raumes, den sie bei möglichst genauem Aneinander= legen nahezu ausfüllen.

Solche Körper sind das Brennholz, die Kohlen, die Körnerfrüchte, Sand, Kalk und ähnliche. Die Bestimmung der Raumausfüllung ist natürlich hiebei eine ungenaue und von der Art des Beugens oder Aufschüttens abhängige.

Mit größerer Genauigkeit ist dagegen die Abmessung des Rauminhalts von Flüssigkeiten möglich.

Für diese besondere Arten von Raumausfüllung dienen als reelle Maße die Hohlräume der hiezu geeigneten metrischen Würfel und ihre Mehrfachen.

1. Metrisches Holzmaß.

Die Einheit des Maßes für Brennholz ist der Meterwürfel unter dem Namen Ster.

Als Meßwerkzeug für eine Scheitlänge von 1 Meter dient ein quadrati= scher Rahmen der 1 Meter breit und hoch ist. Derselbe ist entweder tragbar aus Eisenstangen mit 1 Meter Lichtweite oder feststehend aus Holzballen gefertigt wie nebenstehende Figur zeigt, nämlich aus einem Grundballen, Schwelle genannt und 2 darauf befestigten 1 Meter von einander entfernten und 1 Meter hohen Pfosten, welche durch Streben gehalten werden und oben mit Enden aus Metall versehen sind.

Da dieser Rahmen nur den Querschnitt, der eingelegten Holzbeugen gibt, so enthält derselbe nur dann ein wirkliches Ster, wenn die Scheitlänge ebenfalls 1 Meter ist. Ist dieß nicht der Fall, so muß je nach der Scheitlänge die Höhe des Rahmens entsprechend abgeändert werden; da z. B. in Paris die übliche Scheitlänge noch 1,14 M. ist, so ist dieser Scheitlänge entsprechend die Höhe des Sters auf $\frac{1}{1,14} = 0,88$ M. festgesetzt.

Zur Bequemlichkeit der Ausführung der Messung dienen außer dem Ster noch das Doppelster und das Halbekaster, für Holzrationen beim Militär auch das Dezister; dagegen ist das halbe Ster, das ebenfalls zulässig wäre, nicht be=

sonders ausgeführt, da ja die halbe Ausfüllung des Rahmens für das Ster dafür benützt werden kann.

Das Doppelster (= 2 Meterwürfel) wird als Rahmen von 2 Meter Breite und 1 Meter Höhe ausgeführt

Bei der Scheitlänge von 1,14 Meter beträgt die Höhe wie beim Ster 0,88 Meter.

Das Halbklafter (= 5 Meterwürfel) bildet einen Rahmen von 3 Meter Breite und 5/3 = 1,667 Meter Höhe. Die Höhe wird bei der Scheitlänge von 1,14 Meter auf $\frac{1,667}{1,14}$ = 1,463 herabgesetzt.

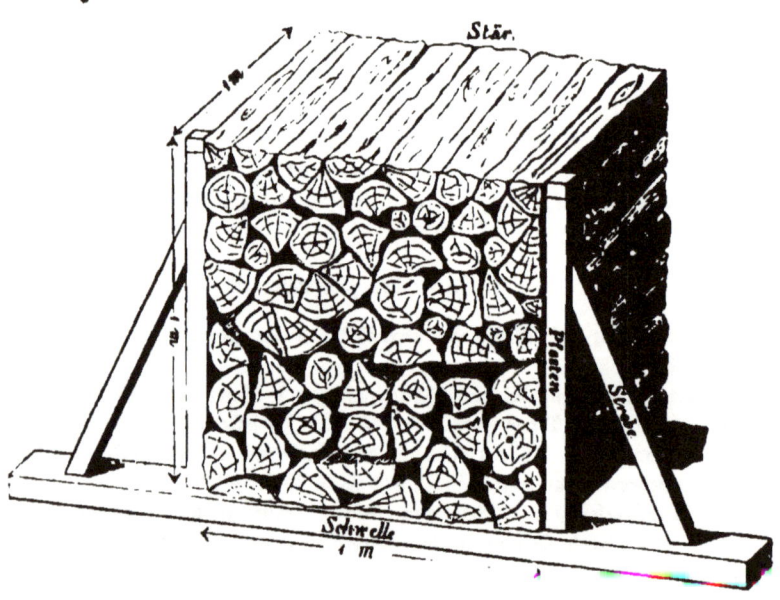

Das Deklafter ist nur ein nominelles Maß um große Mengen Brennholz in einfacheren Zahlen zu beziffern, sollte es als reelles Maß ausgeführt werden, könnte es als Rahmen von 5 Meter Breite und 2 Meter Höhe hergestellt werden.

Am besten wäre, wenn die Scheitlänge stets zu 1 Meter genommen würde, für jede andere Scheitlänge ist die Ausfüllung des Meßrahmens das so vielfache des betreffenden Maßes als die Scheitlänge in Metern angibt z. B. bei der Scheitlänge von 1,14 Meter das 1,14fache des Sters oder Doppelsters oder Halbklafters. Man findet also die für die einzelnen Scheitlängen nöthige Höhe des Meßrahmens, wenn man die normale Höhe durch die Scheitlänge dividirt, also für die genannte Länge von 1,14 Meter ist:

$$\text{normale Rahmen-Höhe} = \frac{1}{1,14} \text{ beim Ster und Doppelster}$$

$$\text{Scheitlänge} = \frac{1,667}{1,14} \text{ beim Halbdekaster.}$$

Das Resultat dieser Berechnungen ist innerhalb der üblichen Scheitlängen von 1 Meter bis 1,40 Meter in folgender Tabelle enthalten:

Scheit-länge	Höhe der Seitenpfosten		Scheit-länge	Höhe der Seitenpfosten	
	beim Ster und Doppelster	beim Halb-Dekaster		beim Ster und Doppelster	beim Halb-Dekaster
Meter	Meter · Millimeter	Meter · Millimeter	Meter	Meter · Millimeter	Meter · Millimeter
1,00	1,000	1,667	1,22	0,820	1,367
1,02	0,981	1,634	1,24	0,807	1,345
1,04	0,962	1,603	1,26	0,794	1,323
1,06	0,944	1,573	1,28	0,782	1,303
1,08	0,926	1,544	1,30	0,770	1,283
1,10	0,910	1,516	1,32	0,758	1,263
1,12	0,893	1,489	1,34	0,747	1,244
1,14	0,878	1,463	1,36	0,736	1,226
1,16	0,863	1,437	1,38	0,725	1,208
1,18	0,848	1,413	1,40	0,715	1,191
1,20	0,834	1,389			

Diese Rahmen für Holzmessung werden von Zeit zu Zeit geprüft.

Dieselben dürfen nie zu kurz sein. Das Uebermaß für Breite und Höhe zusammen darf betragen:

beim Ster höchstens 5 M/M

beim Doppelster höchstens 8 M/M

beim Halbdekaster höchstens 15 M/M

Sollte durch den Ausdruck Ster nicht bloß der von der Beuge Brennholz eingenommene Raum, sondern ein Meterwürfel Holzmasse bezeichnet werden, so müßte der durch die leeren Zwischenräume bewirkte Abmangel, welcher im Mittel ³/₁₀ beträgt, durch eine entsprechende Vermehrung der Scheitlänge oder bei einer Scheitlänge von 1 M durch eine ebenso große Erhöhung der Seitenpfosten des Sters ersetzt werden.

Da nach Abrechnung des Abmangels von 0,3 M³ das Ster nur 0,7 M³ Holzmasse enthält, so folgt,

für 0,7 M³ Holzmasse ist die Scheitlänge 1 M

für 1 M³   „   „   „   „ $\frac{1}{0,7} = 1,43$ M

b. h. bei 1,43 M Scheitlänge faßt der Rahmen von 1 M Breite und Höhe 1 Meterwürfel Holzmasse. Da diese Scheitlänge etwas groß ist, könnte auch durch Erhöhung der Seitenpfosten des Meßrahmens geholfen werden, was besonders für das Doppelster einen günstigeren Rahmen ergeben würde, derselbe hätte für die Scheitlänge von 1 Meter eine Breite von 2 Meter und eine Höhe von 1,43 Meter.

Für die häufig übliche Scheitlänge von 1,14 Meter dagegen würde sich die Höhe des Rahmens für Ster und Doppelster ergeben zu 1,25 Meter und für das Halb=Dekaster zu 2,09 Meter.

Eine solche Fixirung des Sters als Meterwürfel Holzmasse hätte den Vortheil, daß das Gewicht eines solchen Sters ohne Rechnung aus der spezifischen Gewichtszahl für die gemessene Holzmasse angegeben werden könnte. Dasselbe beträgt nämlich in metrischen Zentnern das 10fache des spezifischen Gewichts, also z. B.

für Eichenholz im Mittel 8 metr. Ztnr.
„ Buchenholz „ „ 8 „ „
„ Birkenholz }
  und } „ „ 7½ „ „
  Föhrenholz }
„ Tannenholz „ „ 5 „ „

II. Metrische Hohlmaße.

Für alle Gegenstände, die durch Einschütten in einen Hohlraum gemessen werden können, dient als Einheit des ausgefüllten Hohlraums der Dezimeterwürfel unter dem Namen Liter und seine Vielfachen und Untertheilungen.

Für trockene Körper.

Von den Maßen sind als reelle Maße hergestellt die systematischen Maßglieder vom Hektoliter bis zum Deziliter und die zwischen diesen Grenzen liegenden Hälften und doppelten dieser Glieder. Man hat also als größtes nominelles Hohlmaß das Kiloliter oder den Meterwürfel und als reelle Maße:

die Hektoliter=Gruppe
das Hektoliter = 100 Liter
das Halb=Hektoliter = 50 „

die Dekaliter=Gruppe
das Doppel=Dekaliter = 20 Liter
das Dekaliter = 10 „
das Halb=Dekaliter = 5 „

4

die Liter=Gruppe

das Doppel=Liter	=	2 Liter
das Liter (D/M³)	=	1 Liter
das Halb=Liter	=	5 D/Liter

die Deziliter=Gruppe

das Doppel=Deziliter	=	2 D/Liter
das Deziliter	=	1 D/Liter
das Halb=Deziliter	=	¹/₂ D/Liter.

Diese Maße werden in cylindrischer Form aus sehr trockenem Eichenholz auch aus Kupfer, Schmib= oder Gußeisen gefertigt und zwar, so daß Grund= durchmesser und Höhe des Cylinders, innerhalb gemessen, gleich groß sind.

Dadurch werden diese Ausmessungen wie folgt:

Name des Maßes.	Höhe und Durchmesser.
	Millimeter.
Hektoliter	503,1
Halb=Hektoliter	399,3
Doppel=Dekaliter	294,2
Dekaliter	233,5
Halb=Dekaliter	185,3
Doppel=Liter	136,6
Liter	108,4
Halb=Liter	86,0
Doppel=Deziliter	63,4
Deziliter	50,3
Halb=Deziliter	39,9

Wenn die Maße innerhalb einen Querstab zum Fassen haben, muß der Hohlraum um den Inhalt dieses Querstabs vergrößert werden. Die Anferti= gung muß eine dauerhafte sein, es darf innerhalb nirgends eine Lücke oder ein Uebergreifen am Material sich zeigen, auch muß jedes Maß seinen eigenthümlichen Namen in bleibender und lesbarer Schrift tragen und mit dem Namen oder dem Zeichen des Verfertigers oder Verkäufers und dem Pfechtstempel versehen sein. Beim Messen wird das Maß mit den zu messenden Stoffen eben gefüllt und bei den Körnerfrüchten mit dem Streichbrett eben gestrichen. Das Streichbrett muß für die einzelnen Maße gehörige Länge haben, vollständig cylindrisch und möglichst glatt sein, es ist der Controle ebenso unterworfen wie das Maß.

Die Maßgefäße dürfen kein Zeichen an sich tragen, das an alte Maße erinnert und keinenfalls zu klein sein. Das Uebermaß darf höchstens betragen: 1 Prozent für die Maße aus Holz ⅛ Prozent für die großen Maße aus Metall bis zum Halb=Dekaliter und ½ Prozent für die kleineren Maße aus Metall vom Doppel=Liter abwärts.

Für Flüssigkeiten.

Die Maße sind dieselben, wie für feste Körper, nur ist noch die Zentiliter=Gruppe beigefügt, bestehend aus dem Doppel=Zentiliter und dem Zentiliter. Die großen Maße bis zum Halb=Dekaliter werden aus Kupfer, Schmid= oder Gußeisen gefertigt nach den= selben Vorschriften wie für Messung fester Körper. Die kleineren Maße vom Doppel=Liter abwärts werden aus Zinn, Weißblech, emaillirtem Eisen und bis zum Doppel=Deziliter auch aus Glas und gebranntem Thon gefertigt.

Bei den Maßen aus Zinn ist der innere Durchmesser halb so groß als die innere Höhe. Dieselben dürfen nie zu klein sein. Das höchste gedulbete Uebermaß ist in folgender Tabelle ent= halten, welche auch die Größe von innerem Durch= messer und innerer Höhe angibt.

Für die Maße aus Zinn:

Name des Maßes.	Innere Höhe.	Innerer Durchmesser.	Höchstes gedulbetes Uebermaß.	
	Millimeter.	Millimeter.	Milliliter oder Gramme Wasser.	Prozente des Meßgefäßes.
Doppel-Liter	216,7	108,4	3,0	0,5
Liter	172,0	86,0	2,0	0,4
Halb=Liter . . . : . .	136,6	68,3	1,5	0,3
Doppel=Deziliter . . .	100,6	50,3	1,0	0,5
Deziliter	79,9	39,9	0,6	0,6
Halb=Deziliter . . .	63,4	31,7	0,4	0,8
Doppel=Zentiliter . .	46,7	23,4	0,3	1,5
Zentiliter	37,1	18,5	0,2	2,0

Bei den Maßen aus Weißblech ist wie bei den großen Maßen der innere Durchmesser so groß wie die innere Höhe. Dieselben dürfen ebenfalls nie zu klein sein. Das höchste gedulbete Uebermaß, sowie die Höhe sind in folgender Tabelle enthalten.

. Für die Maße aus Weißblech: .

Name des Maßes.	Höhe und Durchmesser.	Höchstes geduldetes Uebermaß.	
	Millimeter.	Milliliter oder Gramme Waffer.	Prozente des Meßgefäßes.
Doppel=Liter	136,6	4	0,2
Liter	108,4	3	0,3
Halb=Liter	86,0	2	0,4
Doppel=Deziliter	63,4	1,5	0,75
Deziliter . . . . /. . .	50,3	1	1
Halb=Deziliter	39,9	0,6	1,2
Doppel=Zentiliter	29,5	0,4	2,0
Zentiliter	23,4	0,3	3

Die Maße aus Weißblech dienen vorzugsweise als Oel= und Milchmaße. Die Maße für Brennöl und Speiseöl sind besonders zu bezeichnen und zwar mit dem Anfangsbuchstaben ihrer Bestimmung.

Die Maße aus emaillirtem Eisen, Glas und gebranntem Thon können in gleicher Weise für trockene Gegenstände und alle Arten von Flüssigkeiten dienen und entweder wie die Maße aus Zinn oder wie die aus Weißblech ausgeführt werden, das erlaubte Uebermaß beträgt das Doppelte wie für die andern.

Flaschen und Fässer, welche nur zur Aufbewahrung dienen, brauchen nicht geeicht zu werden; wenn sie dagegen zum Verkauf des in einem bestimmten Hohl=

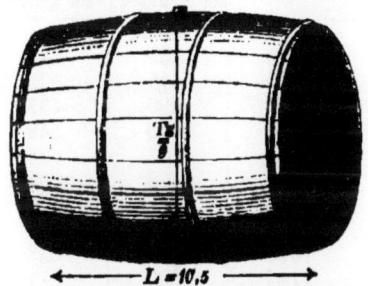

← L = 10,5 →

maß angegebenen Inhalts dienen, muß das Zeichen oder der Name des Verläufers und der Inhalt in metrischen Maßen darauf angegeben sein.

Bezüglich der Faßformen wurde in Frankreich festgesetzt, daß die innere Länge der Fässer, der Durchmesser des Bauches und der Durchmesser der Böden sich wie 10½, 9 und 8 verhalten sollen wie beistehende Figur versinnlicht.

Als zweckmäßigste Berechnungsart des Faßinhalts aus den genannten Ausmessungen wurde diejenige gewählt, bei welcher das Faß als ebenso langer Cylinder berechnet wird, dessen Durchmesser dadurch gefunden wird, daß man von dem Bauchdurchmesser des Fasses ⅓ seines Ueberschusses über den Bodendurchmesser abzieht.

Den Bauchdurchmesser bezeichnet man in Deutschland mit Tiefe am Spunden und den Bodendurchmesser mit Tiefe am Boden. Wählt man hiefür die Bezeichnungen Ts und Tb, so ergibt sich die Formel für den oben genannten Cylinder=Durchmesser D.

$$D = Ts - \frac{1}{3}(Ts - Tb)$$

$$= \frac{2}{3}Ts + \frac{1}{3}Tb$$

d. h. biefer Durchmeffer befteht aus ⅔ vom größten unb ⅓ vom kleinften In=
neren Durchmeffer am Faß.

Die einfachfte Formel ift $D = \dfrac{2\,Ts + Tb}{3}$.

Die Formel für ben Rauminhalt ift:

Faßinhalt $= 3{,}14\ D\ \dfrac{D}{4}\ L$ unb bei Einfebung bes Werthes von D:

$$\text{\textsuperscript{}} = \frac{3{,}14}{4} \cdot \frac{2\,Ts + Tb}{3} \cdot \frac{2\,Ts + Tb}{3} \cdot L^{*})$$

d. h. man multiplizirt ben vermittelten Faßburchmeffer zuerft mit fich felbft, bann
mit ber Faßlänge, bann mit 3,14 unb nimmt ben vierten Theil bavon.

Für ovale Fäffer ift bie Faßtiefe von ber Faßbreite verfchieben, bezeichnet
man bie Breite am Spunben mit Bs unb am Boben mit Bb fo ift bie Formel

für ben Faßinhalt $= \dfrac{314}{4} \cdot \dfrac{2\,Ts + Tb}{3} \cdot \dfrac{2\,Bs + Bb}{3} \cdot L$

d. h. man multiplizirt bie vermittelte Faßtiefe mit ber vermittelten Faßbreite, bann
mit ber Faßlänge, barauf mit 3,14 unb bivibirt burch 4.

Werben bie für biefe Berechnungen nöthigen Maße in Dezimetern ausgebrückt,
fo gibt bas Refultat ber Berechnung ben Faßinhalt unmittelbar in Litern an.

Unter Zugrunblegung obiger Formel für ben Faßinhalt runber Fäffer er=
gibt fich für bie Fäffer vom halben Hektoliter bis Doppel=Kiloliter.

	Gehalt in Litern.	InnereLänge.	Tiefe am Spunben.	Tiefe am Boben.
		Millimeter.	Millimeter.	Millimeter.
Halb=Hektoliter	50	454	389	345
	75	520	445	395
Hektoliter	100	572	490	435
Doppel=Hektoliter . . .	200	720	618	548
	300	825	707	628
	400	908	778	691
Halb=Kiloliter	500	978	838	745
	600	1039	891	791
	700	1093	938	833
	800	1144	980	871
	900	1190	1019	906
Kiloliter	1000	1232	1056	938
Doppel=Kiloliter . . .	2000	1552	1330	1182

*) In ftreng mathematifcher Form hat man:

$$\text{Inhalt} = \frac{\pi}{4} \cdot D^2 . L = \frac{\pi}{36} \cdot L . (2Ts + Tb)^2 = 0{,}087 . L . (2Ts + Tb.)$$

d. h. man multiplizirt bas Quabrat bes vermittelten Faßburchmeffers mit ber Faßlänge
unb nimmt 87 Promille bavon.

Für Fässer, bie mit Waſſer gefüllt werden können, iſt beſtimmt, baß bas Waſſer, womit bas Faß gefüllt werden kann, entweder beim Einfüllen burch Entnehmen aus einem mit gläſernem Waſſerſtandsröhr verſehenen geeichten Ge- fäß oder beim Ausgießen burch Einfüllen in ein ſolches Gefäß gemeſſen werden ſoll. Eine viel ſicherere Beſtimmung würde jedoch bas Wiegen bes leeren und bann bes mit Waſſer gefüllten Faſſes ergeben, ba ber Ueberſchuß bes Gewichts bes vollen Faſſes über bas Gewicht bes leeren in Kilogrammen unmittelbar ben Gehalt in Litern angibt.

- - - - -

6. Metriſche Gewichte.

Unter ben Gewichten iſt bie Tonne = 1000 Kilogramm ein nomineües Gewichtsmaß, bie reellen Gewichtsmaße beginnen mit bem halben metriſchen Zentner ober 50 Kilogramm. Dieſes Gewichtsſtück unb bie nächſtfolgenden bis zum halben Hektogramm werden aus Gußeiſen hergeſtellt nach ganz beſtimmten Vorſchriften, bie ſeit Einführung bes neuen Zollvereins-Gewichts theilweiſe auch in ben Staaten bes Zollvereins angenommen ſinb. Die Gewichtſtücke müſſen ſtets ihren Namen beutlich unb vertieft enthalten, außerbem ben Namen bes Verfertigers unb ben Pfechtſtempel tragen unb bürfen nie leichter ſein als bie Normalgewichte, bas höchſte bei ben einzelnen Gattungen gebulbete Uebergewicht iſt in. folgender Tabeüe enthalten.

Gewichte aus Eiſen:

Name.	Bezeichnung.	Größtes gebulbetes Uebergewicht.	
		in Grammen.	in Tauſendtel b. Gewichtsſtücks.
Halber metriſcher Zentner . . .	50 Kilog.	20,0	0,4
Doppel=Myriagramm	20 „	10,0	0,5
Myriagramm	10 „	6,0	0,6
Halb=Myriagramm	5 „	4,0	0,8
Doppel=Kilogramm	2 „	2,0	1,0
Kilogramm	1 „	1,0	1,0
Halb=Kilogramm . .	5 Hektog.	0,5	1,0
Doppel=Hektogramm	2 „	0,3	1,5
Hektogramm	1 „	0,2	2,0
Halb=Hektogramm	5 Dekag.	0,1	2,0

Die Eisengewichte von 50 und 20 Kilogramm haben die Form von abgestumpften Pyramiden mit achteckiger Grundfläche, die von 10 Kilogramm bis zum halben Hektogramm haben ebenfalls die Form von abgestumpften Pyramiden jedoch mit sechseckiger Grundfläche. Zur bequemen Handhabung tragen alle einen Ring, dessen Gewicht eingerechnet ist. Die Dimensionen sind in den einzelnen Staaten des metrischen Systems verschieden angenommen.

Die Gewichte von der Gruppe des Kilogramms abwärts bis zum Gramm werden aus Messing gefertigt, häufig geschieht dieß auch für die Gewichte bis zum doppelten Myriagramm = 20 Kilogramm.

Die allgemeine Form der Messinggewichte läßt sich folgendermaßen beschreiben. Sie enthält einen cylindrischen Körper dessen Höhe und Durchmesser gleich groß sind. Dieser Cylinder trägt einen Knopf vermittelst eines dünnen Halses, Höhe und Durchmesser des Knopfs sind je gleich der Hälfte der betreffenden Cylinderhöhe. Im unteren Theil des Gewichts befindet sich eine cylindrische Höhlung zur Aufnahme des zur Justirung nöthigen Bleis, auf welches der Pfechtstempel ebenso wie auf die Außenseite aufgeschlagen ist. Die Dimensionen sind in den verschiedenen Staaten nicht genau dieselben und richten sich nach der Dichte des Materials.

Das gebulbete Uebergewicht ist dasselbe wie bei den eisernen Gewichten.

Die Gewichte vom Halbkilogramm abwärts bis zum Halbzentigramm bilden das Medizinalgewicht, dieselben können vom Halbgramm abwärts aus quadratischen an einer Ecke aufgebogenen Plättchen von Silber, Platina oder Messing gefertigt sein, dürfen aber weder Uebergewicht noch Abmangel haben.

Die Stufenleiter der Medizinalgewichte ist:

500 Gramm oder Halb-Kilogramm

200	"	"	Doppel-Hektogramm
100	"	"	Hektogramm
50	"	"	Halb-Hektogramm
20	"	"	Doppel-Dekagramm
10	"	"	Dekagramm
5	"	"	Halb-Dekagramm
2	"	"	Doppel-Gramm
1	"	"	Gramm
50	Zentigramm oder Halbgramm.		
20	Zentigramm oder	Doppel-Dezigramm	
10	"	"	Dezigramm
5	"	"	Halb-Dezigramm
2	"	"	Doppel-Zentigramm
1	"	"	Zentigramm
0,5	"	"	5 Milligramm Halb-Zentigramm.

Noch kleinere Gewichte bis zum Milligramm abwärts also von 2 und 1 Milligramm werden nur für wissenschaftliche Zwecke in physikalischen und chemischen Laboratorien gebraucht.

Außer den Medizinalgewichten dürfen weder Ueberschuß noch Abmangel zeigen: die Gewichte für die Brückenwagen, die Mustergewichte der Gewichts-Fabrikanten, die Gewichte der beeidigten Messer, die Gewichte für Gold, Silber und andere kostbare Stoffe.

Da zur Gewichtsbestimmung außer den Gewichten noch die nöthigen und richtig eingerichteten Wagen gehören, so werden diese wie die dem Verkehr dienenden Gewichte einer regelmäßigen Controle unterworfen und es wird von ihnen verlangt, daß sie solid gefertigt seien, unbelastet im Gleichgewicht stehen, frei und ungehindert schwingen und den Grad von Empfindlichkeit besitzen der für ihre spezielle Bestimmung nöthig ist. Es sind nur gleicharmige Wagen und Brückenwagen zugelassen. Bei den gleicharmigen Wagen wird speziell verlangt:

1) daß die beiden Arme genau gleich lang und symetrisch seien;

2) daß der Wagebalken aus Metall bestehe und besonders in der Mitte höher als breit sei, so daß er seine Unbiegsamkeit mehr diesem Verhältniß als seiner Dicke verdankt;

3) daß die Schneide mit der er auf der Unterlage ruht, gerade sei, aus hartem Stahl bestehe, senkrecht auf die Längenrichtung und solid befestigt sei, daß ferner die Schneiden für Aufhängung der Schalen mit dieser Schneide in gerader Linie und von ihr gleich weit entfernt sich befinden;

4) daß der Wagebalken hinreichend frei sich bewegen könne;

5) daß die Wage schwinge und eine ihrer Tragkraft entsprechende Empfindlichkeit von $1/2$ Promille zeige, d. h. $1/2000$ der Belastung noch angebe.

Zu den gleicharmigen Wagen werden auch die Roberval'schen Tischwagen gerechnet.

Bei den Brückenwagen, welche dezimale oder zentesimale sein können, wird verlangt:

1) daß sie solid und regelmäßig angefertigt seien, stählerne Schneiden haben und schwingen, auch das Verhältniß $1/10$ oder $1/100$ zwischen Gewicht und Last genau angeben, wo man auch auf der Brücke die Last auflegen mag;

2) daß sie nicht unter 50 Kilogramm Tragfähigkeit haben und eine Empfindlichkeit von 1 Promille besitzen;

3) daß die Tragfähigkeit an dem aufsteigenden Brett der Brücke angegeben sei.

Mit Hilfe der aufgezählten Gewichtsstücke und geeigneter Wagen ist man im Stande das Gewicht der schwersten, wie der leichtesten wägbaren Körper zu bestimmen und auf einfache Weise auszubrücken. Von den vielen Namen, die anfänglich Schwierigkeit zu verursachen scheinen, sind nur 5 vollständig im Gebrauch geblieben, nämlich:

1) Tonne = Gewicht des Kiloliters oder M³ Waſſer;

2) Metriſcher Zentner = Gewicht des Hektoliters Waſſer;

3) Kilogramm = Gewicht des Liters oder D/M³ Waſſer;

4) Gramm = Gewicht des Milliliters oder Z/M³ Waſſer;

5) Milligramm = Gewicht des M/M³ Waſſer,

alſo außer dem metriſchen Zentner nur die Gewichte des Waſſerinhalts der Würfel des Meters und ſeiner 3 bezimalen Untertheilungen.

Das ſpezifiſche Gewicht.

Der unmittelbare Zuſammenhang zwiſchen Gewicht und Maß macht die für das große Publikum immer etwas unklare ſpezifiſche Gewichtsbeſtimmung ſehr verſtändlich. Man verſteht unter dem ſpezifiſchen Gewicht eines Stoffes das Gewicht des Dezimeterwürfels dieſes Stoffes in Kilogrammen, ausgedrückt, z. B. die Angabe, das ſpezifiſche Gewicht des Eiſens iſt 7,788 beſagt: der Dezimeterwürfel Eiſen wiegt 7,788 Kilog. oder iſt 7,788 Mal ſo ſchwer als der D/M³ Waſſer, was für die Gewichtsberechnung einer bekannten Raumausfüllung eines ſolchen Stoffs ſehr bequem iſt. Die ſpezifiſchen Gewichtszahlen ſind unmittelbar die abſoluten Gewichte des D/M³ und bei flüſſigen Körpern des Liters.

Dieſelben können für die in der Praxis, z. B. beim Bau= und Maſchinenweſen vorkommenden Materialien wie die verſchiedenen Bauhölzer, Steine, und für die im gewöhnlichen Leben vorkommenden Flüſſigkeiten wie Spirituoſen, Wein, Bier, Säuren, Oel, Milch u. dgl. mit hinreichender Genauigkeit durch Abwiegen des D/M³ oder Liters dieſer Stoffe ermittelt werden.

Umgekehrt kann aus dem in Kilogrammen angegebenen abſoluten Gewicht eines Körpers von bekanntem ſpezifiſchem Gewicht durch einfache Diviſion des abſoluten Gewichts durch das ſpezifiſche Gewicht der Rauminhalt des Körpers in Dezimeterwürfeln gefunden werden z. B. ein Eiſenſtück vom ſpezifiſchen Gewicht 7,79 wiege 158,24 Kilog., ſo iſt ſein

$$\text{Rauminhalt} \quad \frac{158,24}{7,79} = 20,3 \ D/M^3$$

oder das denſelben Raum ausfüllende Waſſer wiegt 20,3 Kilog. Handelt es ſich alſo für einen Körper, den man im Waſſer und in der Luft wiegen kann, um Beſtimmung des Rauminhalts, ſo wird der Körper zuerſt in der Luft und dann im Waſſer hängend abgewogen. Da im letzteren Fall das ihn umgebende Waſſer an ihm ebenſo viel trägt als die verdrängte Waſſermenge, die vorher an ſeiner Stelle war, wiegt, ſo wird durch den in Kilogrammen angegebenen Gewichtsverluſt oder Auftrieb bei Abwiegung im Waſſer gegen die Abwiegung in der Luft das Gewicht und damit die Anzahl der verdrängten Liter oder D/M³ Waſſer, alſo der Rauminhalt des dieſen Raum eben ausfüllenden Körpers an=

gegeben. Wenn z. B. eine Steinmasse in der Luft abgewogen 134,64 Kilogramm wiegt und bei Abwiegen in Wasser um 51 Kilog. weniger, so ist ihr Rauminhalt 51 D/M³ und ihr spezifisches Gewicht oder das Gewicht eines

$$D/M^3 = \frac{134,64}{51} = 2,64$$

Das metrische Arbeitsmaß hängt auf's innigste zusammen mit den metrischen Gewichten und Längen dadurch, daß als Einheit der Arbeit diejenige gilt, welche nöthig ist, um in 1 Sekunde 1 Kilogramm 1 Meter hoch zu heben. Man bezeichnet diese Arbeit als Meter-Kilogramm. Als höhere Einheit gilt diejenige Arbeit, welche nöthig ist, um in 1 Sekunde 75 Kilogramm 1 Meter hoch oder 1 Kilogramm 75 Meter hoch zu heben, also 75 Meter-Kilogramme. Diese Arbeit wird bezeichnet als Pferdestärke oder Pferd, auch Maschinenpferd oder Dampfpferd. In dieser Einheit wird die Leistungsfähigkeit der Dampfmaschinen, Turbinen und sonstiger Kraft verwendbar machender Maschinen ausgedrückt.

---

7. Metrische Münzen.

Zu Ausgleichung der Tauschwerthe von Waaren und Leistungen dienen seit uralter Zeit die edlen Metalle, welche in Form von Münzen zur gegenseitigen Abschätzung solcher Werthe dienen. Da diese Metalle selbst Waaren sind, sind sie natürlich selbst auch Werthschwankungen unterworfen, welche sich wie bei allen Waaren nach Nachfrage und Angebot richten.

Um aber bei dieser Veränderung des Handelswerths der edlen Metalle wenigstens eine Grundlage für die Werthschätzung zu sichern, wurde den aus diesen Metallen hergestellten Münzen ein bestimmtes Gewicht, neben bestimmter Form und bestimmtem Feingehalt gegeben. Diese Bestimmungen, welche als Münzwährungen oder Münzfüße bezeichnet werden, waren im Lauf der Zeiten und bei den verschiedenen Völkern so wechselnd und willkürlich als die Maßbestimmungen überhaupt.

Auch in diese Bestimmungen hat das metrische System Klarheit und Bestimmtheit gebracht.

Nach dem ursprünglichen System bildet die Einheit der Münze eine Silbermünze von ⁹/₁₀ Feingehalt und 5 Gramm Gewicht mit dem Namen Frank.

Auf den Werth des Franken gründen sich die Werthe aller übrigen Münzen und zwar nicht bloß der in Silber und Kupfer ausgeprägten Unterteilungen, sondern auch der in Silber und Gold ausgeprägten Vielfachen.

Hinsichtlich des Gehalts und Werths der hiezu verwendeten Metalle wurde bestimmt: das Münzkupfer enthält in einem Kilogramm oder 1000 Gramm

950 Gr. Kupfer, 40 Gr. Zinn und 10 Gr. Zink, letztere Metalle als Zusatz um die Münzen härter und dauerhafter zu machen. Der Münzwerth desselben ist der 20te Theil von dem des Münzsilbers. Das Münzsilber enthält im Kilogramm 900 Gramm Feinsilber und 100 Gr. Kupfer. Sein Münzwerth bildet die Einheit des Münzsystems.

Das Münzgold enthält im Kilogramm 900 Gr. Feingold und 10 Gr. Kupfer. Sein Münzwerth ist der 15½fache von dem des Münzsilbers.

Der Kupferzusatz bei Gold und Silber hat den Zweck, diese Metalle dadurch härter zu machen und das Abschleifen im Verkehr zu verlangsamen und außerdem dem Staat, der die Münzen etwas über dem wirklichen Werth ausgibt, die Prägkosten und den Verlust an Werth durch Abschleifen zu ersetzen.

Der gesetzliche Werth von 1 Kilogramm des legirten Münzmetalls ist demnach,

Münzkupfer: 1 Kilogramm = ¹/₂₀ Kilogr. Münzsilber = 10 Franken.
Münzsilber: 1 „ = 200 „
Münzgold: 1 „ = 15,5 Kilogr. Münzsilber = 3100 „

daraus ergibt sich:

1 Gr. Münzkupfer = 0 Fcs. 01 Cent. u. 1 Frank in Kupfer = 100 Gr. Münzkupfer
1 Gr. Münzsilber = 0 Fcs. 20 Cent. u. 1 Frank in Silber = 5 Gr. Münzsilber
1 Gr. Münzgold = 3 Fcs. 10 Cent. u. 1 Frank in Gold = 0,32258 Gr. Münzgold.

Aus diesen Metallen sind die Münzen von 100 Frank bis 1 Frank und von da bis 1 Centime ausgeprägt und zwar so, daß zwischen diesen Grenzen, wie bei den reellen Maßen jede dezimale Größe ihr doppeltes und halbes hat und zwar:

in Gold

Ein Stück von	100	Frank.	im Gewicht von	22,258	Gr.	Durchm.	35 M/M
„ „ „	50	„	„ „ „	16,129	„	„	28 M/M
„ „ „	20	„	„ „ „	6,451₆	„	„	21 M/M
„ „ „	10	„	„ „ „	3,225₈	„	„	19 M/M
„ „ „	5	„	„ „ „	1,612₉	„	„	17 M/M

in Silber

Ein Stück von	5	Frank.	im Gewicht von	125	Gr.	Durchm.	37 M/M
„ „ „	2	„	„ „ „	10	„	„	27 M/M
„ „ „	1	„	„ „ „	5	„	„	23 M/M
„ „ „	50	Centimes		2,5	„	„	18 M/M
„ „ „	20	„		1	„	„	15 M/M

in Kupfer

Ein Stück von	10	Centim.	im Gewicht von	10	Gr.	Durchm.	30 M/M
„ „ „	5	„	„ „ „	5	„	„	25 M/M
„ „ „	2	„	„ „ „	2	„	„	20 M/M
„ „ „	1	„	„ „ „	1	„	„	15 M/M

Am einfachſten iſt der Zuſammenhang zwiſchen Werth und Gewicht der Kupfermünzen, die ebenſo viele Gramme wiegen, als ſie Centime werth ſind und umgekehrt ebenſo viele Centime werth ſind als ſie Gramme wiegen, ſo daß die Gewichtsbeſtimmung einer Anzahl von Kupfermünzen in Grammen unmittelbar den Werth in Centimen angibt.

Die Silberſtücke wiegen 5 Mal ſo viel, als ihr Frankenwerth angibt, und umgekehrt iſt ihr Frankenwerth ⅕ oder 0,2 ihres Gewichts in Grammen, ſo daß die Gewichtsbeſtimmung einer Anzahl von Silbermünzen (von 0,9 Feingehalt) in Grammen das 5fache ihres Frankenwerths angibt, dieſer alſo durch Diviſion mit 5 oder einfacher durch Multiplikation mit 0,2 gefunden wird.

Das Gewicht der Goldſtücke findet man durch Rechnung, wenn man, die dem Nennwerth äquivalente Silbermenge durch 15,5 dividirt, alſo den Frankenwerth mit 5 multiplizirt und mit 15,5 dividirt oder den Werth mit 3,1 dividirt.

Die Goldſtücke wiegen $\frac{5}{15,5}$ oder $\frac{1}{3,1}$ = 0,32258 mal ſo viel, als ihr Frankenwerth angibt und umgekehrt iſt ihr Frankenwerth das 3,1fache ihres Gewichts in Grammen. Die Gewichtsbeſtimmung einer Anzahl von Goldmünzen (von 0,9 Feingehalt) in Grammen gibt alſo das 0,32258fache ihres Frankenwerths an, dieſer wird daher durch Diviſion mit 0,32258 oder einfacher durch Multiplikation mit 3,1 gefunden. Werth = 3,1mal Gewicht in Grammen.

Dieſer einfache und ſelbſt für das Münzgold ohne Schwierigkeit im Gedächtniß zu behaltende Zuſammenhang zwiſchen Gewicht und Werth der Münzen macht es möglich, die normalen Gewichte aus den Nennwerthen in Franken ſehr einfach zu berechnen, ermöglicht die Werthbeſtimmung einer Maſſe gemünzten Metalls auf Grund einer einfach auszuführenden Gewichtsbeſtimmung und ermöglicht insbeſondere, die Kupfermünzen als Gewichte, die ſtets zur Hand ſind, zu benützen, um grobe Mängel an den Silbermünzen, auf welche die Falſchmünzerei ſich vorzugsweiſe geworfen hat, zu entdecken.

Soll z. B. das Normalgewicht eines Goldſtücks von 25 Franken beſtimmt werden, ſo findet ſich daſſelbe durch die Diviſion $\frac{25}{3,1}$ = 8,064₈ Gr.

Soll der Frankenwerth der deutſchen Krone von 11,111 Gr. Gewicht gefunden werden, ſo ergibt ſich derſelbe durch die Multiplikation von 11,111 mit 3,1 = 34 Frcs. 44 Cent. und nach Abzug der Prägungskoſten mit 0,2₁₀% zu 34 Frcs. 35 Cent.

Für die Thaler- und ſüddeutſche Guldenwährung laſſen ſich ſolche Berechnungen aus der angegebenen Währung nicht anſtellen, da die Währung 30 Thaler und 52½ Gulden aus einem Pfund fein nur annähernd genau und in Wirklichkeit das Pfund Feinſilber nur gleich 29,93 Thlr. = 52,383 ſübb. Gulden iſt. Nur bei der öſtreichiſchen Währung iſt die Angabe genau.

Die Herstellung der Münzen.

Entsprechend dieser Klarheit in den Ausmünzungsverhältnissen der metri=
schen Münzen sind auch die Bestimmungen über die Ausführung bei der Fabri=
kation der Münzen äußerst genau.

Die Fabrikation wird in Frankreich nicht durch den Staat selbst, sondern
unter seiner Aufsicht durch Unternehmer ausgeführt, welche den Titel von Fabri=
kationsdirektoren führen und eine entsprechende Kaution zu stellen haben.
Diesen Unternehmern wird für die Herstellung von 1 Kilogramm Silber=
münzen von 0,9 fein (Münzwerth 200 Franken) die Summe von 1 Frcs.
50 Cent, also 0,75 % des Werths und für die Herstellung von 1 Kilogramm
Goldmünzen von 0,9 fein (Münzwerth 3100 Franken) die Summe von 6 Frc.
70 Cent. also 0,21₆ % des Werths vergütet, welche Summe durch die Metall=
lieferanten getragen wird.

Gegen diese Vergütung müssen die Unternehmer alle Herstellungskosten,
wie Arbeitslöhne, Erstellung und Erhaltung des Mobiliars übernehmen, ebenso
die Kosten für die Prägstempel und Prägzwingen, für das Abwiegen, Zählen und
die Controle der fertigen Münzstücke. Dieselben sind verbunden ¹/₂₀ der Silber=
münzen in Theilmünzen unter 5 Franken zu liefern; sie bekommen dagegen eine
weitere Vergütung, wenn sie mehr als ¹/₂₀ in Theilmünzen zu liefern haben,
und zwar für das Kilogramm Doppelfranken 25 Cent., für das Kilogramm
Franken 75 Cent., für das Kilogramm Halb=Franken 1 Frc. 35 Cent. und für
das Kilogramm 20 Cent. Stücke 2 Frc. 50 Cent.

Die oberste Controle und die Ueberwachung des ganzen Münzgeschäfts ist
einer Commission von 3 Mitgliedern übertragen, welche dem Finanzministerium
angehört und die Aufgabe hat, Feingehalt und Gewicht der fertigen Münzen zu
beurtheilen und die Ausführung der Münzgesetze in ganz Frankreich zu über=
wachen. Ihr sind alle Beamte in den Münzstätten Frankreichs unterstellt, sie
stellt die Tarife über den Feingehalt und Werth des gemünzten und ungemünzten
Goldes und Silbers für den Ankauf in den Münzstätten auf und läßt die neu
hergestellten fremden Münzen prüfen. Sie hat die Oberleitung der Münzsamm=
lung und überwacht die Herstellung der Medaillen und der Post=Briefmarken.
Ihr steht eine chemische Versuchsanstalt, eine Graviranstalt, sowie die nöthigen
Verwaltungsbureaus und Beamten zu Gebote.

Diese bestimmte Organisation des Münzwesens gibt eine sichere Gewähr
für die Genauigkeit der Herstellung der Münzen. Alle Münzen haben in ihrem
Metall dasselbe Mischungsverhältniß. Die Gewichte der Vielfachen und Unter=
theilungen stehen bei demselben Metall in strengem Verhältniß ihrer Werthe, der
Umstand, daß ihr Gewicht (wenigstens bei Kupfer und Silber) in ganzen Zahlen
ausgedrückt ist, ermöglicht, daß die Münzen als Gewichte und Werthzeichen dienen
können. Die gedulbeten Fehler (Toleranzen) im Gewicht und Feingehalt, sind
so gering als es die heutige Wissenschaft und Technik erlaubt. Die höhere Aus=
münzung gibt nur den Ersatz für die Herstellungs=Unkosten.

Nachfolgende tabellarische Zusammenstellung enthält in übersichtlicher Weise Alles was auf die Herstellung Bezug hat. Sie enthält:

1) den Preis des Metallwerths und des Münzwerths von feinem und legirtem Gold und Silber,

2) der Münzen Nennwerth, Metallwerth, Durchmesser, Stückzahl im Kilogramm, Normalgewicht, Feingehalt in 1000 Gramm,

3) die Toleranz oder den erlaubten Abmangel oder Ueberschuß im Feingehalt, im Gewicht des Kilogramms, im Gewicht des Stücks,

4) die Prägungskosten für das Kilogramm.

Das metrische Münzsystem.

Werth des Kilogramms von Gold Silber In 1000 Grammen					Der Münzen					Toleranz (Erlaubter Abmangel oder Ueberschuß.) + Ueberschuß − Abmangel			Prägungskosten für das Kilogramm
1000 Gramm fein	900 Gramm fein	1000 Gramm fein	900 Gramm fein	835 Gramm fein	Nennwerth	Metallwerth	Durchmesser	Stückzahl im Kilogramm	Normal-Gewicht	Feingehalt in 1000 Gramm	im Feingehalt ±	im Gewicht des Kilogramms ±	im Gewicht des Stücks ±	
fr. c™		fr. c™	fr. c™	fr. c™	fr. c™	fr. c™	⁰/₁₀	Stck.	Gr. M/™		Gr.		M/Gr.	fr. c™
Reiner Metallwerth nach Abzug der Prägungskosten 3437 fr.		3093 fr. 30 c™	220 fr. 58 c™	198 fr. 50 c™	184 fr. 16 c™	**Gold** 100. 50. 20. 10. 5.	99,78,39 49,89,19 19,95,68 9,97,84 4,98,92	35 28 21 19 17	31 62 155 310 620	32.268,00 16.129,00 6.451,61 3.225,80 1.612,90	900 Gramm fein	1. 2. 2. 2,50 3.		32,26 32,26 12,90 8,06 4,84	6.70
Prägungskosten —		6 fr. 70 c™	—	1 fr. 50 c™	1 fr. 50 c™										
Metall u. Münzwerth sammt Prägungskosten 3444 fr. 44,444 c™		3100 fr.	222 fr. 22,222 c™	200 fr.	185 fr. 56 c™	**Silber** 5. 2. 1. „50 „20	4,96,25 1,98,50 ,99,25 ,46,04 ,18,42	37 27 23 18 15	40 100 200 400 1000	25. 10. 5. 2.5 1.	835 Gr. Kupfer. 10 Gr. Zinn. fein	3. 5. 5. 7. 10.		75, 50, ,25, 17,50 10,	1.50
Legaler Goldwerth = 155 mal Silberwerth, 3100 fr. das Kilogramm. Silberwerth = Einheit, 200 fr. das Kilogramm. Legaler Kupferwerth = 1/20 des Silberwerths, 10 fr. das Kilogramm.						**Kupfer** „10 „ 5 „ 2 „ 1		30 25 20 15	100 200 500 1000	10. 5. 2. 1.	950 Gr. Kupfer, 0,40 Zinn, 0,05 Zink. fein	10. 10. 15. 15.		100, 50, 30, 15,	„92 1.32 2.24 3.

Nach diesen Grundsätzen haben auch diejenigen Staaten, welche das metrische Geldsystem bereits angenommen haben, wie die Schweiz, Italien und Belgien ihre Münzen im allgemeinen ausgeprägt, nur hat die Schweiz bis jetzt kein Gold geprägt und Belgien das von ihm geprägte wieder zurückgezogen. In der Ausmünzung der Kupfermünzen findet zwischen allen ein Unterschied Statt, in keinem der andern Staaten ist der Zusammenhang zwischen Gewicht und Werth dieser Münzen so einfach, wie in Frankreich.

In allen diesen Staaten sind die Ausmünzungsverhältnisse der einzelnen Silberstücke zwar nicht im Totalgewicht der fertigen Münzen, aber in dem Mischungsverhältniß des Metalls eben in Umwandlung begriffen, indem die Silbermünzen vom Doppelfranken an abwärts hinfort nur noch Scheidemünzen aus 0,835 feinem Silber und in der Schweiz nur 0,8 fein sein sollen. Dadurch soll das Fünffrankenstück aus Gold die kleinste Handelsmünze werden.

Da hiedurch ein Goldstück die Einheit der Handelsmünzen geworden ist, so ist das dadurch begründete Münzsystem als Goldwährung zu bezeichnen. Diese Währung ist keine so klare, als die bisherige Silberwährung, da nicht ein Goldstück von so einfachem Gewicht wie der Frank die Einheit bildet, sondern ein solches von 1,61290 Gr. Gewicht kann beßhalb auch nicht als metrisches Münzsystem bezeichnet werden, doch kann das Einheitsgewicht aus der alten Silberwährung durch Division des Neunwerths in Franken mit 3,1 ohne große Umstände berechnet werden. Wenn diese Münze die Einheit bildet, können nach den Grundsätzen über die Zuläßigkeit von Zwischenmaßen das Doppelte und Fünffache derselben im Werth von 10 und 25 Franken ausgeprägt werden und es hat nur das alte 20 Frankenstück keine Zuläßigkeit mehr, während das 50 und 100 Frankenstück bleiben können. Die Reihenfolge der Goldmünzen ist dann:

das Zwanzigfache	= 100 Franken,	Gewicht	32 Gr.	258,00 M. Gr.
„ Zehnfache	= 50	„	„ 16	„	129,00	„
„ Fünffache	= 25	„	„ 8	„	064,50	„
„ Doppelte	= 10	„	„ 3	„	225,80	„
die Einheit	5	„	„ 1	„	612,90	„

Diese letztere hat dann als zentesimale Untertheilung das 5 Centimestück, das nie aufgehört hat den Namen Sou zu führen, so daß sich als Untertheilungen ergeben würde:

Silber von 0,9 fein	100 Sou	= 5	Franken,	Gewicht	25,00 Gr.
	50	„	= 2½	„	„	12,50	„
Silber von	20	„	= 1	„	„	5,00	„
0,835 fein	10	„	= ½	„	„	2,50	„
	5	„	= ¼	„	„	1,75	„
Kupfer	2	„	= 1/10	„	„	10	„
	1	„	= 1/20	„	„	5	„

Diesem Münzsystem kann noch mehr als dem ursprünglichen der Vorwurf gemacht werden, daß es nicht streng metrisch ist.

Wie es sich bei der Silberwährung als systematisch richtiger ergeben hätte statt einer Münze von 5 Gramm Silber eine solche von 1 Gr. oder 10 Gr. zur Einheit zu wählen, so würde es sich bei der Geldwährung als systematisch richtig erweisen, eine Goldmünze von 1 oder 10 Gramm Gewicht zur Einheit zu wählen und ihr einfach den Namen Einer, der zentesimalen Untertheilung den Namen Zent und der weiter nothwendigen dezimalen Untertheilung den Namen Mill zu geben. Dadurch hätten sich folgende Münzen ergeben:

Silberwährung.

Einheit: eine Münze von 0,9 feinem Silber 10 Gramm schwer.

Nennwerth in Einheiten	Stücke im Kilogr.	Gewicht in Grammen	Gegenwärtiger Geldwerth in Franken	südd. Gulden	östr. Gulden	Thalern
a) Handelsmünzen.	Stücke	Gramme	Fr. Ct.	fl. kr.	fl. kr.	thlr. sgr.
in Gold { 10 Einer .	155	6,451,6	20.	9.20	8.	5.10
0,900 fein { 5 Einer .	310	3,225,80	10.	4.40	4.	2.20
in Silber { 2 Einer .	50	20	4.	1.52	1.60	1.20
0,900 fein { 1 Einer .	100	10	2.	—.56	—,80	—.16
b) Scheidemünzen.						
in Silber { — „ 50 Cent.	200	5	1.	—.28	—.40	—.8
0,835 fein { — „ 20 „	500	2	—.40	—.11,2	—.16	—.3,8
— „ 10 „	1000	1	—.20	—.5,6	—. 8	—.1,6
— „ 5 „	200	5	—.10	—.2,8	—. 4	—.0,8
in Kupfer- { — „ 2 „	500	2	—. 4	—.1,12	—. 1,6	—.0,32
legirung { — „ 1 „	1000	1	—. 2	—.0,56	—. 0,8	—.0,16

Viel einfacher macht sich die Zusammenstellung für reine Goldwährung: es ergibt sich:

Goldwährung.

Einheit: eine Münze von 0,9 feinem Gold 1 Gramm schwer.

Nennwerth in Einheiten	Stücke in Kilogr.	Gewicht in Grammen	Gegenwärtiger Geldwerth in Franken	südd. Gulden	östr. Gulden	Thalern
a) Handelsmünzen.	Stücke	Gramme	Fr. Ct.	fl. kr.	fl. kr.	thlr. sgr.
10 Einer	100	10.	31.	14.28	12.40	8.08
in Gold } 5 Einer	200	5.	15.50	7.14	6.20	4.04
0,900 fein { 2 Einer	500	2.	6.20	2.53,66	2.48	1.19,6
1 Einer	1000	1.	3.10	1.26,83	1.24	0.24,8

Nennwerth in Einheiten	Stücke im Kilogr.	Gewicht in Grammen	Gegenwärtiger Geldwerth in			
			Franken	südd. Gulden	öst. Gulden	Thalern
b) Scheidemünzen.	Stück	Grammen	Fr. Ct.	fl. kr.	fl. kr.	thlr. sgr.
100 Zent	50	20.	3.10	1.26,85	1.24	—.24,8
in Silber 50 Zent	100	10.	1.55	—.43,46	—.62	—.12,4
0,700 fein 20 Zent	250	4.	—.62	—.17,38	—.24,8	—.04,86
10 Zent	500	2.	—.31	—.08,68	—.12,4	—.02,48
in Kupfer- 5 Zent	200	5.	—.15,5	—.04,84	—.06,2	—.01,24
legirung 2 Zent	500	2.	—.06,2	—.01,74	—02,16	—.00,50
1 Zent	1000	1.	—.03,1	—.00,87	—.01,24	—.00,25

Die Anzahl der nöthigen Münzen bei diesem System ist nicht größer als bei dem vorhergehenden, aber ihre Anordnung ist gleichartiger, das größte Vielfache, die Einheit und die kleinste Untertheilung um etwas mehr als die Hälfte größer also den jetzigen Werthverhältnissen entsprechender. Dem Handel bienen 4 nach den Gesetzen des Zehnersystems sich gliedernde Goldmünzen und dem innereu Verkehr die vom Staat garantirten Werthzeichen in 7 Stücken von bequemem Kaufwerth.

Wenn auch an dieser Aufstellung auszusetzen ist, daß die Einheitsmünze in Gold eine ziemlich kleine Münze ist, so ist dagegen nicht zu vergessen, daß dann ihre Untertheilungen im größeren Handel unnöthig werden und nur noch zu Landesmünzen nöthig sind, auch ist hinsichtlich der kleinsten Theilmünze von 1 Zent nicht zu unterschätzen, daß dieselbe noch einen Kaufwerth hat und nicht reine Rechnungsmünze ist wie der Centime.

Der große Vorzug dieser Aufstellung ist aber der einfache Zusammenhang zwischen Münzwerth und Gewicht. Die Goldmünzen wiegen so viele Gramme, als sie Einer werth sind und die Silberscheidemünzen den fünften Theil ihres Nennwerths, die Kupfermünzen wiegen so viele Gramme als sie Zent werth sind und können als Gewichtsstücke zur Controle der Silber- und Goldmünzen bienen, ein Umstand der für den zunehmenden Weltverkehr und die dadurch nöthig werdende größere Aufmerksamkeit des Einzelnen auf die zur Ausgleichung bienenden Werthzeichen nicht außer Acht zu lassen ist. Die Abschätzung von Mengen von Goldmünzen auf Grund von Wiegungen, die Controle der Geldrollen ist dadurch äußerst leicht und kann von jedem der eine Wage besitzt ohne viele Umstände vorgenommeu werden. Sollte durch die vermehrte Goldproduktion der Kaufwerth des Geldes noch weiter sinken, würden höchstens noch Stücke von 20 Einern sich nöthig zeigen.

Freilich ist die Frage des Uebergangs zu einer solchen Währung von solcher Tragweite, daß theoretische Gründe hier allein nicht entscheiden, obgleich nicht zu läugnen ist, daß dieser Uebergang zu der in strengstem Anschluß an das

5

metrische Maßsystem stehenden Währung voraussichtlich für eine unabsehbar lange Zukunft die letzte Systemänderung im Münzwesen wäre, und auch keinerlei nationale Eitelkeit verletzen würde.

Einen ersten Schritt zu einer solchen reinen Goldwährung hat der deutsche Münzvertrag vom Jahr 1857 versucht durch Schaffung einer Goldmünze von 10 Gramm Feingold und ¹⁄₉ Zusatz, also vom Gewicht 11,111 Gr. mit dem Namen Goldkrone. Da aber diese Münze in keines der vorhandenen Münzsysteme taugte, auch ihr selbst keine systematische Untertheilung in Verkehrsmünzen beigegeben wurde, wurde dadurch nur die Zahl der Goldmünzen um eine vermehrt, die Schwierigkeit des internationalen Geldverkehrs aber nicht gehoben. Leider hat man seither nicht versucht, diesen Fehler wieder gut zu machen, was durch Anfügung eines Systems etwa wie das vorstehende möglich gewesen wäre. Es wäre keine zu große Aufgabe gewesen, die wenigen Goldkronen, die in Folge jenes Vertrags ausgegeben worden sind, wieder zurückzuziehen und in solche von dem Normalgewicht zu 10 Gramm und 0,9 Feingehalt umzuprägen mit der Untertheilung bis zur Zehntelskrone, also Goldstücke von 10 Gr., 5 Gr., 2 Gr., 1 Gr. auszugeben, an welche dann die einzelnen Staaten die Landmünzen, wie in der Tabelle angegeben, in 0,7 feinem Silber und Kupfer hätten anschließen können. Eine so systematische Währung wäre sicherlich nicht so unbeachtet geblieben, wie es die Goldkrone blieb und Deutschland hätte doch einmal ein eigenes Münzsystem geschaffen, das wegen seiner Folgerichtigkeit und Einfachheit Aussicht auf internationale Annahme gehabt hätte.

Im Wesentlichen ähnliche Vorschläge wurden für die internationale Münzeinigung von belgischen und französischen Autoritäten gemacht, so namentlich bei den freien Conferenzen über Gewichts=, Maß= und Münzwesen, während der Pariser Ausstellung 1867 von dem berühmten National=Oekonomen Michel Chevalier. Derselbe wünschte eine radikale Münzreform, „welche einen definitiven Abschluß der wichtigen Angelegenheit für alle Zeiten biete und keinen Staat in die Lage setze, dem andern Opfer aufzuerlegen, während er selbst keine tragen wolle. Er schlug beßhalb in Uebereinstimmung mit dem früheren nicht zur Ausführung gekommenen Gesetze vom 28. Thermidor des Jahres III / 15. August 1795 vor, Goldstücke von 5 und 10 Grammen Gewicht mit ⁹⁄₁₀ Feingehalt auszuprägen, welche einen Werth von ziemlich genau 15½ und 31 Franken hätten. Diese 2 Münzen würden nach der obigen Tabelle als 10 und 5fache der Einheit noch durch das 2 und 1 Grammstück ergänzt, wodurch der Münzfuß dem dezimalen System und dem Bedürfniß, keine zu große Einheit als Grundlage zu besitzen, besser entsprochen hätte.

Die Nothwendigkeit der allgemeinen Münzumprägung, welche die Annahme solcher radikalen Vorschläge für die Gegenwart nach sich zieht, erschien den Meisten so drohend, daß Michel Chevalier mit seinem Vorschlag nicht durchzubringen vermochte. Was die Umprägung wenigstens der vielfältigen und oft schwer erkenn= baren Scheidemünze Deutschlands angeht, so wäre dieß ein wahrer Segen für den Verkehr, der sich überraschend schnell in ein neues Münzsystem, wenn dieses nur systematisch ist und bequeme Münzwerthe enthält, findet, wie das Beispiel Oesterreichs und der Schweiz bei ihren Münzänderungen zeigt.

Daß ein solches System nicht so unbedingt als rein theoretisch und doktri= när von der Hand zu weisen sei, beweist eine in den Tagesblättern kürzlich abge= druckte Notiz über die internationale Münzeinigung nach der Denkschrift des Schatzamts der Vereinigten Staaten, welche sich weniger für den 25 Franken= fuß, als vielmehr für den deutschen Fuß (die Vereinskronen) ausspricht. Der New=Yorker Handelszeitung wird über diese Angelegenheit aus Washington ge= schrieben:

„Die erste Anforderung an ein internationales Münzsystem ist, daß es in einem möglichst einfachen Verhältniß zu einer bereits angenommenen und populären Gewichtseinheit stehe. Als solche stellt sich die metrische Ein= heit, das Gramm, heraus, und die neue deutsche Vereinskrone ist die einzige Münze mit einfachstem Verhältniß zum Gramm, sie enthält nämlich genau 10 Gramme (sollte heißen: 10 Gramme Feingold). Gleich den Vereinigten Staa= ten und französischen Goldmünzen hat sie 9/10 Feinheit. Der Goldmünzfuß der Vereinigten Staaten ist ganz nahe ein metrischer, er enthält 3 Tausendtheile zu viel. Da auch die Goldmünzfüße von England, Frankreich, Rußland, Spanien nur wenig abweichen, so ist es die Absicht, vorerst dahin zu wirken, daß die deutsche Vereinskrone, der Gold=Dollar der Vereinigten Staaten, der französische Goldfrank und das englische Goldpfund in ein so einfaches Verhältniß zu ein= ander gebracht werden, daß der folgende Satz als Maßgabe dienen würde:

3 deutsche Vereinskronen = 20 Dollars (amerikanisches Gold)
"   "   " = 100 Franken (französisches Gold)
"   "   " = 1000 Pence (Gold) oder 4 Pfund zu 250 Pence
(englisch).

Folgende Gegenüberstellung des gegenwärtigen Werthes der verschiedenen nationalen Münzen dürfte von Interesse sein:

	Feingold	Gewicht für 9/10 fein	Metall= Werth
	Gramme	Gramme	Franken
3 deutsche Kronen	30	33,3333	103,11
20 Vereinigte Staaten Dollars .	30,0926	33,4362	103,43
100 franz. Franken (40 östr. Gulden)	29,0322	32,2580	99,78
1000 engl. Pence St.	30,5100	32,8999	101,86
4 engl. Pfd. St.*)	29,2895	32,5439	100,67
*) Dazu kommen 5 Halb Imperial (russisch)	29,9761	33,3068	103,03

	Feingold	Gewicht für 9/10 fein	Metall-Werth
	Gramme	Gramme	Franken
5 Friedrichsbor (Preußisch) . . .	30,1692	33,5214	103,69
5 Guillaume (Holländisch) . . .	30,2805	33,6450	104,11
5 Friedrichsbor (dänisch) . . .	29,5680	32,8533	101,63
5 Pistolen (mexikanisch und argentinisch)	29,5312	32,8124	101,50
4 Dublonen (spanisch)	30,0096	33,3440	103,08
400 Piaster Aegypten	29,7160	33,0178	102,14

also im Ganzen 12 Goldstücke, die mit geringen Aenderungen in der Ausprägung in ein rationales Verhältniß zu der in ihrem Goldgehalt metrisch einfachsten Vereinskrone gebracht werden könnten.

Die Denkschrift des Schatzamts kommt zu dem Schlusse, daß die Haupthandelsnationen der Welt sich darüber entscheiden müssen, ob 30 oder 29,032 Gramme fein Gold, jenes der deutsche, dieß der französische Fuß, als allgemein giltiger Maßstab angenommen werden solle und befürwortet, unbedingt dem deutschen den Vorzug zu geben, und zwar allein um seiner metrischen Einfachheit halber.

Aus dieser Würdigung des ersten wenn auch schüchternen aber rationellen Vorgehens Deutschlands bei Schaffung dieser bis jetzt metrisch einfachsten Goldmünze läßt sich die Ermuthigung schöpfen, daß es kein so großer Unsinn wäre, dem in seiner Vereinzelung haltlosen Schritt durch Anfügung eines Münzsystems festen Boden zu geben. Die oben vorgeschlagene Ausmünzung des 10 Gramm-Goldstücks zu 9 Gramm fein und 1 Gramm Zusatz also fertig zu 10 Gramm würde zwar für 3 solche Stücke nur ein Feingold-Gewicht von 27 Gramm und einen Metall-Werth von 92,89 Franken ergeben, was einen erheblicheren Unterschied gegen die andern verglichenen Münzwerthe ergeben würde; aber wenn im Interesse der Vereinigung eine Concession gemacht werden sollte, wäre es das rationellste, sie in der Richtung des einfachsten Zusammenhangs des Feingoldgehalts zur Werthbezeichnung zu machen, d. h. die oben angeführten 4 Handelsgoldmünzen mit 10, 5, 2 und 1 Gramm Feingold und 1/9 Zusatz auszumünzen, so daß die Werthbezeichnung in Einern zugleich den Gehalt an Grammen Feingold angeben würde, für diesen Fall wäre die Krone unmittelbar die internationale Weltmünze.

Eine andere Weltmünze, die den Vortheil bietet, daß ein großer Theil der vorhandenen Scheidemünzen in Nord-Deutschland, Oesterreich und Frankreich noch für längere Zeit unverändert bleiben könnte, wird eben viel diskutirt, es ist das 25 Frankenstück in Gold, welches in 9/10 feinem Gold 8,06451 Gramm schwer und 24 Millimeter im Durchmesser haltend ausgeprägt werden soll. Daßselbe stimmt im allgemeinen nahezu überein mit dem österreichischen 10 Gulden-stück, dem englischen Souvereign, dem amerikanischen 5 Dollarstück und es könn-ten die französischen und österreichischen Silbermünzen vollständig, die norddeut-schen mit veränderter Bezeichnung noch für längere Zeit untergebracht werden. Bei fortgesetzter Zehntheilung der Vereinsmünze ergibt sich für Deutschland als zehnter Theil derselben der österreichische Gulden und man hätte

das Goldgulden-System.

Nennwerth in Einheiten.	Stücke in Kilogr.	Gewicht in Grammen.	Gegenwärtiger Geld-werth in		
			Franken.	südd. Gulb.	Thalern.
a) Goldmünzen.	Stücke.	Gramme.	Fr. Ct.	fl. kr.	Thlr. Sgr.
Gold von 0,9 Feingehalt. 10 Gulden	124	8.06451	25.	11.40	6 20
5 Gulden	248	4.03225	12.50	5.50	3.10
2 Gulden	620	1.61290	5.	4.40	1.10
b) Silbermünzen.					
Silber von 0,835 Feingehalt. 1 Gulden	80	12.50	2.50	1.10	—.20
50 Zent	160	6.25	1.25	—.35	—.10
20 Zent	400	2.50	0.50	—.14	—. 4
10 Zent	800	1.25	0.25	—. 7	—. 2
c) Kupfermünzen.					
5 Zent	60	16²/₃	0.12¹/₂	—.3,₅	—. 1
2 Zent	150	6²/₃	0.5	—.1,₄	—.0,₄
1 Zent	300	3¹/₃	0.12¹/₂	—.0,₇	—.0,₂

Bei Annahme dieses Systems würden gültig bleiben: sämmtliche östreichische Münzen und von den norddeutschen für die Zeit der Umänderung:

der Doppelthaler = 3 Gulden,
der Thaler = 3¹/₂ Gulden,
der ¹/₃ Thaler = 50 Zent,
der ¹/₆ Thaler = 25 Zent,
der Doppelgroschen = 10 Zent,
der Groschen = 5 Zent,
der sächsische Pfennig = ¹/₂ Zent.

Da dieses Münzsystem einen allmäligen Uebergang von den vorhandenen Münzsystemen zu der Goldwährung gestattet, ist es für die Gegenwart aller-dings das opportunste, wenn auch weder der Feingoldgehalt = 7,25806 Gr. noch der Vollgehalt = 8,06451 Gr. der neuen Weltmünze einfache metrische Gewichte sind.

III. Der Uebergang zum metrischen System.

1) Die Vorschläge zur Maßeinigung.

Wenn es nur auf das Resultat einer Größenbestimmung ankommt, ist es freilich gleichgültig, welches Maß ihr zu Grunde liegt, da jede Messung mit einer gleichartigen Maßeinheit, wenn sie richtig ausgeführt wird, eine richtige Vorstellung von der Ausdehnung der gemessenen Größe zu geben vermag. Anders verhält sich aber die Sache, wenn es sich darum handelt, wie die Verschiedenheit der Maßeinheiten den Bedürfnissen des Verkehrs entspricht. Diese Frage beantwortet sich einfach dahin, daß es besser wäre, wenn alle Völker sich eines und desselben Maßes bedienten und dieses zugleich den einfachsten Zusammenhang seiner Glieder barböte, weil dann keine Zeit mit Maßverwandlungen verloren ginge und eine Menge von Irrungen nicht vorkäme.

Stellt man sich die Entstehung der Maße vor, so wundert man sich weniger über ihre Mannchfaltigkeit und Verschiedenheit. Für Längenvergleichung diente ursprünglich die Größe gewisser Körpertheile als Maßeinheit, so die Körperhöhe als Klafter, Toise, der Abstand der Füße beim Gehen als Schritt, die Länge des Arms als Elle, die Länge des Fußes als Fuß oder Schuh, die Höhe der Faust als Faust oder Palm, die Breite des Daumens als Zoll. Für Weglängen diente der in der Zeiteinheit, der Stunde, von einem Fußgänger zurückgelegte Weg als Stunde. Ebenso wurden die Feldmaße von ganz zufälligen Dingen entlehnt, besonders von der Arbeitsleistung der Menschen oder Thiere in einer bestimmten Zeit, oder von der Menge Aussaat an Getreide u. dgl. mehr, wie die hiefür noch gebrauchten Namen: Joch, Morgen, Tagwerk, Mannsmahd, Scheffel, Tonne erkennen lassen.

Ebenso willkürlich als die Festsetzung der Maßeinheit war die Zusammensetzung derselben zu größeren und die Untertheilung in kleinere Maßglieder. Es bildeten bald 10, bald 12, bald 14, bald 15, bald 16 Fuß eine Ruthe, hier 6, dort 7 und anderswo 8 Fuß eine Toise.

Bei den Untertheilungen huldigte man bald dem System des fortgesetzten Halbirens, wodurch man Halbe, Viertel, Achtel, Sechszehntel und Zweiunddreißigstel erhielt; bald zerfällte man nach dem Zwölfersystem die Einheit in Halbe, Drittel, Viertel, Sechstel, Zwölftel, bald nach dem Zehnersystem nur in Halbe und Zehntel.

Von dem Wirrwarr, der dadurch entstand, kann man sich einen Begriff machen, wenn man ältere und namentlich deutsche Maßtabellen durchsieht. Nach diesen bestehen jetzt noch nebeneinander in Deutschland:
über 10 Meilenmaße zwischen 7363 Meter und 9870 Meter.
Die Anzahl der Fuße, die auf die Meile gehen ist sehr verschieden gegen 40 Fußmaße, zwischen 250 und 316,1 M/M.

Diese Fußmaße werden bald in 12″ zu 12‴ ober 12″ zu 8 Achtels=
zoll, bald in 10″ zu 10‴ eingetheilt, manchmal kommen die verschie=
denen Eintheilungen neben einander vor,

gegen 40 Ellenmaße zwischen 547,3 und 833 M/M Länge.

Die Elle ist häufig = 2 Fuß, in andern Fällen aber auch = 1,963 ..
1,963 .. 2⅛ .. 2,144 .. 2,4 .. 2,465 .. 2⁴¹/₄₈ Fuß des Landes=
maßes

über 40 Klafter= und Ruthenmaße, zwischen 1,897 Meter und
5,327 Meter.

Die Ruthe enthält in verschiedenen Gegenden 10, 12, 12½, 14, 15,
15⅙, 16, 18 Fuß,

über 40 Landflächenmaße unter dem Namen Morgen, Joch, Acker,
Scheffel, Tonne, von 2025 bis 9658 Meterquadrat, ebenso
viele verschiedene Holz=Maße unter dem Namen Klafter,
Meß, Malter, Stecken von 2¼ bis 5½ Ster Inhalt.

Dieses Maß ist manchmal in demselben Land von zwei= oder drei=
facher Art.

Zahllose Flüssigkeitsmaße unter dem Namen Fuder, Eimer,
Ohm, Anker, Imi, Maß, Quart, Kanne, Stütze, Schoppen=
Becher und zwar Eimer, Ohme und Anker von 29—294 Li=
ter Inhalt.

Dieselben werden eingetheilt in 40, 60, 72, 80 und 160 Maß von
½ bis 2 Litern, dann in 32 oder 60 Quart von 0,805 bis 1,145
Liter oder in 36, 40, 60, 72 Kannen von 0,921 bis 1,82 Liter. Die
Schoppen enthalten 0,375—0,398—0,448—0,459—0,487—0,5 Liter.

Zahllose Getreidemaße unter dem Namen Malter, Scheffel,
Himten, Simri, Metzen u. f. f.

Malter gibt es von 10—1246 Liter,

Scheffel von 22,8—222,36 Liter,

Himten von 27½—40⅕ Liter,

Simri von 12½—110½ Liter,

Metzen von 1,95—61,5 Liter

- außer diesen noch die verschiedensten Maße für Sand, Kalk
Kohlen,

seit der Zoll=Gewichts=Einigung immerhin noch 2 Pfunde zu
500 und 560 Gramm, 2 Zentner zu 100 und 112 Zollpfund,
mit 3 verschiedenen Eintheilungen des Zoll=Pfunds in 32,
30, 10 Loth, des Loths in 4 und 10 Quint, noch ein von
diesem Gewicht ganz verschiedenes Medizinal= Gold= und
Juwelengewicht.

seit dem Münzvertrag von 1857 immer noch 7 Münzfüße dar=

unter 4 im Thaler aber nicht in der Untertheilung übereinstimmend, ein davon verschiebener Gold=Thaler, zwei verschiebene Gulben mit 100 und 60 Kreuzern.

Um biesem Gewirre im Maßwesen, das mit zunehmenbem Verkehr immer störenber wurbe, zu entrinnen ging schon seit bem 17. Jahrhundert das Bestre= ben mehrerer Gelehrten und einiger Staatsregierungen dahin, eine von lokalen und inbivibuellen Zufälligkeiten unabhängige Maßeinheit, ein sogenanntes Natur= maß aufzufinben, das, wenn es verloren ginge, jeberzeit wieder bestimmt werden könnte, insofern sich nur seine Definition burch Ueberlieferung erhielte. Zu bie= sem Ende wurden folgenbe Längen in Vorschlag gebracht:

Gegen Ende bes 17. Jahrhunderts von Huyghens bie Länge bes einfachen Sekunbenpenbels.

In ber Mitte bes 18. Jahrhunderts von A. Böhm ber Fallraum eines Körpers während ber ersten Sekunbe.

Zu Ende bes 18. Jahrhunderts von einer aus Borba, Lagrange, Laplace, Monge unb Conborcet bestehenben Commission ber Pariser Akabemie ber Wissenschaften bie Länge bes zehnmillionsten Theils bes elliptischen Meri= bianbogens ber Erbe vom Aequator bis zum Pol.

Den günstigen Zeitpunkt, ber in Frankreich im letzten Jahrzehnt bes vori= gen Jahrhunderts zu Ausführung eines bieser brei Vorschläge eingetreten war, benutzte bie französische National=Versammlung, indem sie sich mit bem letzten bieser Vorschläge einverstanbeu erklärte und ben zehnmillionsten Theil bes Erb= quabranten unter ber Bezeichnung „Meter“ zur Maßeinheit annahm. Neben biesem britten Vorschlag fanb jeboch auch ber erste, ber bas nahezu bem Meter gleiche Sekunbenpenbel als Maßeinheit enthält, starke Vertretung unb wurbe nur beßhalb verlassen, weil biese Länge mit ber Lage bes Orts, an bem sie bestimmt wirb, sich veränbert unb von einer ber Länge ganz ungleichartigen Maßeinheit, ber Sekunbe, also ber Zeiteinheit abhängig gemacht würbe.

Die Länge bes Meters ist nur abhängig von ber Genauigkeit ber Messung bes Meribians, welche mit zunehmenber Verfeinerung ber Meßinstrumente unb Methoben stets anbere Resultate ergab unb ergeben wirb, Aenberungen bie jeboch so unbeutenb sinb, baß sie nur in wissenschaftlicher Beziehung ein Interesse bieten. Das Meter ist baher streng genommen kein eigentliches Naturmaß unb entspricht seiner Erklärung als zehnmillionster Theil bes Meribianquabranten nicht vollkommen.

Wenn aber auch biese Jbee nicht vollkommen verwirklicht werben konnte, so wurbe boch ber unserem Zahlensystem entsprechenbe zehntheilige Aufbau bes ganzen barauf gegründeten Maßsystems mit einer Folgerichtigkeit burchgeführt welche allgemeine Anerkennung verbient unb auch gefunben hat.

In bieser Beziehung übertrifft es weit bas im Jahr 1824 normirte eng= lische Maßwesen, bas bie Länge bes Sekunbenpenbels am Meeresspiegel in ber

Breite von London zur Grundlage hat. Die Länge dieses Sekundenpendels wurde Standard Yard genannt und zu 914,3835 M. gefunden. Sein dritter Theil, die Länge von 304,7945 M. heißt Fuß und wird 12theilig in Zolle, Linien und Punkte getheilt; 16½ Fuß oder 5½ Yard bilden die Ruthe, 66 Fuß = 22 Yard = 4 Ruthen geben 1 Kette; 5280 Fuß = 1760 Yards = 320 Ruthen = 8 Furlongs geben die Meile. Die League für Entfernungen zur See ist ¹/₂₀ des Aequatorgrads und daher = 18255 engl. Fuß; also fast 3½ mal so groß als die Landmeile. Die eigentliche Seemeile ist jedoch der dritte Theil dieser League also ¹/₆₀ des Aequatorgrads oder die Länge des Minutenbogens zu 6085 engl. Fuß.

Man sieht, das Beispiel des metrischen Systems hatte hier nichts genützt, sondern die Untertheilungen und Vielfache dieses Systems sind so kunterbunt als möglich.

2) Einführung des metrischen Systems in Frankreich und den Niederlanden.

Die Aufstellung des metrischen Systems in Frankreich gelang nicht mit einem Schlag, ebenso wenig seine Einführung in die Praxis. Es waren verschiedene Stadien zu durchlaufen, bis dieses Ziel erreicht war.

Der Ausbau des Systems und die Herstellung der zur Einführung nöthigen Meßgeräthe währte von 1791 bis zum Jahr 1795. In diesem Jahr erst wurde im Seine-Departement die Elle durch das Meter ersetzt und dem Direktorium überlassen, dasselbe nach Möglichkeit in die andern Theile der Republik zu verbreiten und allmälig den Ersatz der andern Maßgattungen durch neue anzuordnen, sobald der Stand der Herstellung der Meßgeräthe und die übrigen Vorbereitungen es erlauben.

Der Geschäftsverkehr sollte von nun an auf neuer Grundlage sich bewegen, deßhalb wurde es zugleich nöthig, Maßregeln zu treffen, um die Vergehen gegen diese Anordnungen zu unterdrücken. Das neue Gesetz vom $\frac{\text{1. vendemiaire des Jahres IV}}{\text{22. Sept. 1795}}$ schärfte den Notaren und allen öffentlichen Beamten ein, alle in den von ihnen ausgefertigten Schriftstücken vorkommenden Maßgrößen in Maßen des neuen Systems auszudrücken und belegte die anders ausgefertigten Schriftstücke mit einer außerordentlichen Gebühr von 50 Franken, welche als Strafe durch den ausfertigenden Notar oder öffentlichen Beamten zu bezahlen war. Ebenso hatte kein Handelspapier, Haupt- oder Tagebuch eines Kaufmanns oder Gewerbetreibenden, keine Rechnung oder Quittung, selbst kein Schreiben gerichtliche Anerkennung und Giltigkeit, wenn nicht die Maßgrößen in neuen Maßen ausgedrückt waren, oder wenigstens mußte die Uebersetzung vorher auf Kosten der Parteien durch einen öffentlichen Beamten gemacht und constatirt werden.

Eine ähnliche Verfügung verbot den Arbeitern, Handwerkern und sonstigen Werkleuten, deren Gewerbe die Anwendung von Längen- oder Flächenmaßen er-

forberte, vor Gericht irgend einen Anspruch vorzubringen, in welchem Maße vor=
kommen, wofern diese nicht zugleich in neuen Maßen ausgebrückt seien.

Die Aufsicht über Maße und Gewichte wurde den Gemeinde= und Ver=
waltungs=Polizeibehörden übertragen; das Gesetz verfügte die Wegnahme der
falschen Maße, verwies die Zuwiderhandelnden vor die Polizeigerichte und be=
stimmte Geldstrafen, deren Betrag die Höhe des Patents des Delinquenten er=
reichen konnte.

Anfänglich war die Leitung dieses neuen Zweigs einigen Gelehrten anver=
traut unter der Oberaufsicht der Unterrichts=Commission, das Gesetz stellte nun
die zeitweilige Leitung unter die Oberaufsicht des Ministers der öffentlichen Ar=
beiten; aber man fand diese Maßregel bald ungenügend und ein anderes Gesetz
vom $\frac{24.\ pluviôse\ des\ Jahres\ IV}{12.\ Februar\ 1796}$ hob die zeitweilige Leitung auf und vereinigte
dieselbe mit dem Ministerium des Innern.

Als diese Aenderung vollendet war, dachte man nur noch an die Vervoll=
ständigung der Ausführung. Durch ein Gesetz vom $\frac{23.\ pluviôse\ Jahr\ VI}{11.\ Februar\ 1798}$ wurde
die Anwendung des Sters und Doppelsters für Messung des Brennholzes für
das Seine=Departement vorgeschrieben, im folgenden Jahr wurden die Hohlmaße
für trockene Körper in demselben Departement und zugleich die Längen=, Flächen=
und Körpermaße in 12 weiteren Departements eingeführt. Endlich im Jahr
$\frac{VII,\ 11.\ thermidor}{1799,\ 29.\ Juli}$ wurden auch die Hohlmaße für Flüssigkeiten im Seine=Depar=
tement eingeführt und alle alten Maße für falsch und ungesetzlich, auch der Handel
mit solchen Maßen und das Ausmessen nach denselben für strafbar erklärt.
Während dieser Ausführungen beschäftigte sich eine seit dem Jahr $\frac{III}{1794}$ nieder=
gesetzte Commission mit genauer Präzisirung des Meters. Das Resultat ihrer
Untersuchungen wurde durch ein Gesetz vom $\frac{19.\ frimaire\ des\ Jahres\ VIII}{9.\ Dezember\ 1799}$
angenommen und dadurch die Länge des Meters zu 3' 0" 11''', 296 alten Maßes
bestimmt zugleich die in Folge dieser Untersuchungen in Platina hergestellten Urmaße
des Meters und Kilogramms, welche beim gesetzgebenden Körper niedergelegt
wurden, als endgiltige Urmaße erklärt.

Das neue System fand anfänglich nur langsam Eingang; es konnte nicht
fehlen, daß einer Einrichtung, welche gegen viele so eng mit den gewöhnlichen
Lebensbedürfnissen verbundene Gewohnheiten anstieß, im Anfang Hindernisse ent=
gegentreten mußten.

Die Regierung glaubte die Ursache dieser Hindernisse in den Maßbezeich=
nungen zu finden, sie hielt sie für zu gelehrt, zu schwer faßlich und für die
Masse des Volks zu schwer behältlich, sie verzweifelte an der Möglichkeit sie auf

einmal und ausschließlich in Aufnahme zu bringen und glaubte deßhalb mit der eingewurzelten Gewohnheit rechnen zu müssen. Sie erließ daher unter dem $\frac{13.\ \text{brumaire des Jahres IX}}{3.\ \text{November 1800}}$ einen Erlaß, welcher die Einführung des Dezimal= systems in der ganzen Republik anordnete und erlaubte, die methobischen Bezeich= nungen der Maße und Gewichte durch alte französische Bezeichnungen zu ersetzen. Diese Namen gaben jedoch keinen Begriff von den metrischen Maßen die sie benennen sollten, während sie andere Maße von ganz verschiedener Größe ins Gedächtniß zurückriefen. Die Zulassung dieser Bezeichnungen schuf daher eine unerschöpfliche Quelle von Irrthümern ohne für den beabsichtigten Zweck auch nur den geringsten Vortheil zu bieten.

Mehrere Jahre vergingen so, während die Schwierigkeiten eher zu wachsen als abzunehmen schienen und bennoch fuhr man, statt den gefährlichen Abweg zu verlassen, fort zu glauben, daß derselbe zu gutem Ziele führen würde. Man schrieb den Mißerfolg des ersten Versuchs nur der ungenügenden Ausbehnung des gemachten Zugeständnisses zu. Von der Ansicht geleitet, daß die Zehntheil= lung der neuen Maße den Bebürfnissen des Volkes ebenso zuwider sei, als ihre wissenschaftlichen Namen seinen Gewohnheiten widerstreben, faßte man den Ge= banken, auch die Eintheilung zu ändern und andere Maße einzuführen, welche so viel als möglich an die metrischen Maße sich anlehnen und die Annahme der= selben in der Folge leichter möglich machen würden. Demzufolge ermächtigte ein Dekret vom 12. Februar 1812 den Minister des Innern für den Handelsge= brauch Maße und Gewichte herstellen zu lassen, welche entweder Bruchtheile oder Vielfache der gebräuchlichsten metrischen Einheiten vorstellen und den Bebürfnissen des Volks angepaßt seien. Diesem Dekret folgte ein Ministerial=Erlaß vom 28. März 1812, welcher für den Kleinhandel und den täglichen Gebrauch soge= nannte Gebrauchsmaße mit alten Benennungen einführte. Diese Maße bestan= den aus metrischen Elementen, die in genügender Anzahl genommen wurden, um Untertheilungen wie bei den alten Maßen in Halbe, Viertel, Achtel, Sechzehntel u. s. w. zu gestatten; so gab es eine Toise von 2 Metern, eingetheilt in 6 Fuß zu 12 Zollen; das Meter wurde ersetzt durch eine Elle von 12 D/M und ein= getheilt in Halbe, Drittel, Viertel, Achtel, Zwölftel und Sechzehntel; als Trocken= maß biente der Boisseau = 12 1/2 Liter, der Doppel=, Halb= und Viertel=Boisseau; das Liter wurde zweitheilig abgetheilt bis zum Sechzehntel, das Pfund zu 500 Gramm in Bruchtheile zerlegt, die man wieder als Vierling und Unze bezeich= nete, jeder Theil hatte sein Doppeltes und seine Hälfte.

Eine besondere Verfügung des Dekrets verlangte jedoch, daß das bezimale metrische System allein in allen Schulen unter Einschluß der Volksschulen fortan gelehrt werden und bei allen öffentlichen Verwaltungen, sowie auf den Märkten, in den Hallen und bei allem öffentlichen Handels= und Geschäftsverkehr im Kai= serreich allein angewandt werden solle.

In diesem Zustand blieb das Maßwesen, in Frankreich bis zum Jahr 1837, in welchem ein Gesetz verabschiedet wurde, welchem zu Folge vom Jahr 1840 an das reine metrische System wieder hergestellt wurde.

Im Königreich der Niederlande wurden nach den Ereignissen des Jahrs 1816 und der Lostrennung der Niederlande von Frankreich die französischen Verfügungen über Maße und Gewichte gänzlich umgearbeitet.

Die Einheit des Systems, die in Frankreich durch die Einführung der Gebrauchsmaße zerstört war, wurde alsbald im Jahr 1816 wieder hergestellt. Doch war die Rückkehr nicht vollständig, denn die methodische Bezeichnung wurde auf's neue geopfert und dafür die im Königreich gebräuchlichsten Bezeichnungen angenommen. Erst im Jahr 1855 fiel auch diese Unvollkommenheit in dem von Holland unterdessen getrennten Belgien, und das reine System wurde mit den zugehörigen methodischen Namen allein gültig.

Außer Frankreich und Belgien ist bis jetzt das reine metrische System mit den ihm eigenen methodischen Namen allein gültig in Italien, Spanien, Portugal, und Rumänien, mit landesüblichen alten Bezeichnungen in Holland und Griechenland. In England ist dasselbe neben den alten Maßen gesetzlich zugelassen.

Auch in der Schweiz, Baden, Nassau, Rheinbaiern und Hessen=Darmstadt sind mehrfache metrischer Einheiten den Maßen zu Grunde gelegt und ist in's=besondere der bezimale Bau mehrfach angewandt.

3) Bestrebungen zu einer internationalen Maßeinigung auf Grundlage des metrischen Systems.

Die unzähligen Unannehmlichkeiten und Schwierigkeiten welche die Ungleichheit der Hilfsmittel für die Größen=, Maßen= und Werthvergleichung nicht bloß im Verkehr mit fremden Nationen, sondern sogar im Verkehr zwischen den Gliedern unserer zollvereinten deutschen Nation im Gefolge hat, haben sich besonders in den letzten Jahrzehnten recht augenfällig gezeigt. Eine früher ungeahnte Größe des Austauschs der Erzeugnisse war entstanden und dadurch, besonders aber auch durch die Weltausstellungen zu Paris und London sind eine Menge Industrieller aller Nationen mit ihren Erzeugnissen in Konkurrenz getreten. Die Vergleichung so vieler Erzeugnisse und die unendliche Mannchfaltigkeit der hiebei sich entgegentretenden Maß=, Gewichts= und Werth=Einheiten brachte allenthalben die Ueberzeugung zum Durchbruch, daß es für den kleinen und großen Verkehr eine wahre Wohlthat wäre, wenn es gelänge, sich über Annahme eines gleich=mäßigen Maß=, Gewichts= und Münzsystems zu verständigen.

Es wurde vorgeschlagen in den großen Mittelpunkten der Länder Vereinigungen zu bilden zur Verbreitung dieser Ideen.

Diese Vorbereitung der Geister hatte in Deutschland und England mit der größten Ausdauer Statt gefunden. Im Jahr 1860 entschloß sich der deutsche Bundestag zu Herbeiführung eines einheitlichen Maßes und Gewichts für Deutsch=

land die einleitenden Schritte zu thun. Alsbald wurde eine Commission aus Abgeordneten sämmtlicher Regierungen des deutschen Bundes beauftragt den Nutzen der beabsichtigten Einheit in klares Licht zu setzen und Vorschläge über die zweck= mäßigsten Systeme, sowie über die zur Einführung derselben erforderlichen Maß= regeln auszuarbeiten.

Diese Commission, an der jedoch Preußen nicht Theil nahm, entschied sich im Jahre 1861 für grundsätzliche Annahme des metrischen Systems mit Hinzu= fügung einer Anzahl fakultativer Gebrauchsmaße, die den Uebergang erleichtern sollten.

Im Jahr 1863 beschäftigte sich der internationale statistische Kongreß zu Berlin mit demselben Gegenstand und faßte nach Anhörung eines Berichts des gelehrten Physikers Dove über diesen Gegenstand einstimmig den Beschluß, das metrische System den Regierungen zur Annahme zu empfehlen.

In Ausführung dieses Beschlusses wurde im Jahr 1864 in England das metrische System neben den alten Maßen und Gewichten als gesetzlich zulässig erklärt. In Deutschland war die Sache wegen der Zollvereinskrisis liegen ge= blieben, bis im Jahre 1865 durch Wiederzusammentritt der Commission von 1860 dießmal unter Betheiligung Preußens ein neuer Entwurf einer deutschen Maß= und Gewichtsordnung vereinbart wurde.

Dieser Entwurf enthält, was die allgemein giltigen Maße betrifft, die üblichsten metrischen Maßgrößen unter Auslassung der in Frankreich und Bel= gien weniger häufig in Anwendung gekommenen Maßbezeichnungen, wodurch ein praktischer Vortheil zwar nicht erzielt, aber verschiedentlich der gleichartige Auf= bau gestört wird.

Dagegen erlaubt der Entwurf die Zulassung alter Bezeichnungen für neue Maße und die Schöpfung von Maßgrößen, die zwar mit den metrischen in ein= fachem Zusammenhang stehen, aber außerhalb des dezimalen Systems desselben liegen und deßhalb nicht zur Vereinfachung des Maßwesens beitragen, ja eine Menge von Reduktionen zur unausbleiblichen Folge haben.

In nachfolgender Tabelle ist dieser Entwurf in folgender Ordnung auf= geführt:

Allgemein giltige metrische Maßgrößen mit Anfügung der aus= gelassenen aber zum System nöthigen Maßgrößen in kleinerer Schrift.

Zugelassene Landesmaße, welche theils Hälften und doppelte metri= schen Maßgrößen sind mit Beiziehung der alten Namen,

theils außerhalb des dezimalen Systems stehende Vielfache metrischer Ein= heiten.

Entwurf
einer deutschen Maß- und Gewichtsordnung.

Grundlage des Maßes und Gewichtes ist das Meter und zwar das Mètre des Archives zu Paris.

I. Allgemeine deutsche Maße.

1. Längemaße:

das Myriameter	=	10 000	Meter
„ Kilometer	=	1 000	„
„ Hektometer	=	100	„
„ Dekameter	=	10	„
„ Meter	=	1	„
„ Dezimeter	=	0,1	„
„ Zentimeter	=	0,01	„
„ Millimeter	=	0,001	„

2) Flächenmaße.

Die Quadrate der Längenmaße:

Feldmaße insbesondere:

Das Myriar (Kilometerquadrat)	=	10,000	Ar
„ Hektar (Hektometerquadrat)	=	100	„
„ Ar (Dekameterquadrat)	=	1	„
„ Zentiar (Meterquadrat)	=	0,1	„

3) Körpermaße.

Die Würfel der Längenmaße:

Hohlmaße insbesondere:

Das Kiloliter (Meterwürfel)	=	1000	Liter
„ Hektoliter	=	100	„
„ Dekaliter	=	10	„
„ Liter (Dezimeterwürfel)	=	1	„
„ Deziliter	=	0,1	„
„ Zentiliter	=	0,01	„
„ Milliliter (Zentimeterwürfel)	=	0,001	„

Gewichte:

die Tonne	(Gewicht des Kiloliters Wasser)	=	1000	Kilogr.
der metrische Zentner	(Gewicht des Hektoliters Wasser)	=	100	Kilogr.
das Myriagramm	(Gew. d. Dekaliters Wasser)	=	10	Kilogr.
das Kilogramm	(Gew. d. Liters Wasser)	=	1	Kilogr.
das Hektogramm	(Gew. d. Deziliters Wasser)	=	100	Gramm.
das Dekagramm	(Gew. d. Zentiliters Wasser)	=	106	Gramm.

des **Gramm** ═══ (Gew. b. Milliliters Waffer) bie Einheit.

bas **Dezigramm** ═ 0,1 Gramm.

bas **Zentigramm** ═ 0,01 Gramm.

bas **Milligramm** ═ 0,001 Gramm.

II. Zugelaffene Landesmaße.

1) Längenmaße:

für Weglängen: bie Meile ═ 7½ Kilometer.

für Felbmeffung: ber Ruthe ═ 1 Halb=Dekameter.

für Seewefen: ber Faben ═ 1 Doppelmeter.

für Bergbau: bas Lachter ═ 1 Doppelmeter.

ber Fuß ═ 3 Dezimeter.

═ 10 Zoll.

ber Zoll ═ 3 Zentimeter.

═ 10 Linien.

bie Linie ═ 3 Millimeter.

2) Flächenmaße:

Die Quabrate bieser Längenmaße,

Felbmaße insbesondere:

bas Joch ═ 1 Halb=Hektar.

ber Morgen ═ 1 Viertel=Hektar.

bie Quabratruthe ═ 1 Viertel=Ar.

3) Körpermaße.

Holzmaß:

bie Klafter ═ 4 Ster.

bas Viertel ═ 1 Ster.

Gewicht:

bie Schiffslast ═ 1 Doppeltonne.

ber Zentner ═ 1 metrischer Halbzentner

bas Pfunb ═ 1 Halb=Kilogramm.

Die Untertheilung des Pfunds, sowie die Bestimmung über Medizinal=, Münz=, Golb=, Silber=, Juwelengewicht ist ben Landesgesetzen überlaffen.

Was nun die allgemeinen beutschen Maße bieses Entwurfs betrifft, so ist bie Vereinfachung bie burch Weglaffung etlicher Maßglieber aus bem metrischen System entsteht, zu unbebeutenb, als baß es sich ber Mühe verlohnte, beßhalb ben schönen unb einfachen Aufbau bes Systems zu verstümmeln, ein Gewinn erwächst baraus jebenfalls nicht. Wenn ber Verkehr wirklich bie gestrichenen Glieber bes Systems nicht unbebingt braucht, so stören sie ihn auch nicht, wenn sie in ber Maßorbnung bleiben unb jebenfalls ist als geographisches Maß bas Myriameter unb Myriar nicht zu entbehren, bas Hektometer aber ist als Seite bes Hektometerquabrats oder des Hektars nicht so ganz unnütz. Etwas anderes ist es mit den Gliedern des Feldmaßes Deziar, Dekar, Kiliar, welche in dem ursprünglichen metrischen System stehen und deren Auslassung doch noch ein zenteslmal sich gliederndes System übrig läßt, dessen Glieder wirkliche Quadrate von Längenmaßgliedern sind, näm= lich: Myriar, Hektar, Ar und Zentiar als Feldmaßbezeichnungen für die Qua= drate des Kilometers, Hektometers, Dekameters und Meters. Die bezimalen Glieder der Hohlmaße vom Hektoliter ab, sind für wirkliche Ausführung der Messungen und Wiegungen als Meßgeräthe nicht zu entbehren und haben gerade für die im Kleinhandel vorkommenden Messungen und Wiegungen häufige Verwendung.

Was aber die zugelassenen Landesmaße betrifft, so sind dieselben im Zu= sammenhang mit den allgemeinen Maßen theilweise störend, theilweise mit den metrischen Maßen unverträglich.

Durchaus unverträglich mit den metrischen Maßen ist die Meile zu 7½ Kilometer. Schon wegen ihrer Aehnlichkeit mit der geographischen Meile und manchen alten Meilen gibt sie zu Verwechslungen Anlaß. Sie hat der geogra= phischen Meile gegenüber das gegen sich, daß sie in keinem einfachen Zusammen= hang mit dem Erdumfang steht wie diese. Noch mehr aber stört, daß die Qua= drat= und Kubikmeile in den betreffenden Einheitsmaßen ausgedrückt, ebensowenig als in den alten Maßordnungen einfache Zahlen gibt.

Denn es ist:

$$1 \text{ Meile} = 7{,}5 \text{ Kilometer}$$
$$= 1500 \text{ Ruthen}$$
$$= 25\,000 \text{ Fuß.}$$
$$1 \text{ Quadratmeile} = 56{,}25 \text{ Kilometer=Quadrat oder Myriar}$$
$$= 5625 \text{ Hektar}$$
$$= 2{\cdot}250\,000 \text{ Quadrat=Ruthen}$$
$$= 6250\,000\,000 \text{ Quadrat=Fuß}$$
$$1 \text{ Kubikmeile} = 421{,}875 \text{ Kilometerwürfel}$$
$$= 3375'\,000\,000 \text{ Kubik=Ruthen.}$$

Lauter Zahlen die nicht im Gedächtniß zu behalten sind und für Umrech= nungen unnöthige Mühe machen.

Sehr störend ist die Ruthe, welche an und für sich als Meßgeräth zulässig ist, jedoch ohne andern Namen als den des Halb=Dekameters oder Fünfmeters. Die Ruthe ist dagegen unerträglich, wenn man eine Quadrat=Ruthe und Kubik= Ruthe darauf gründen will, da diese gar nicht mehr in den bezimalen Aufbau der betreffenden Maßgrößen passen.

Am Lachter und Faden ist nur die alte Bezeichnung für eine neue Größe, die an und für sich als Meßgeräth unter dem Namen Doppelmeter zulässig wäre, störend.

Durchaus unverträglich mit den metrischen Maßen und den eben angeführten ist aber der Dreibezimeter=Fuß mit bezimaler Untertheilung in Zolle und Linien,

denn es läßt sich zwar der Fuß in metrischen Maßen ausdrücken nicht aber um=
gekehrt die metrischen Maße in Fußen.

Es ist:

1 Ruthe	=	16²/₃	Fuß
1 Lachter	=	6²/₃	„
1 Meter	=	3¹/₃	„
1 Dezimeter	=	3¹/₃	Zoll
1 Zentimeter	=	3¹/₃	Linie
1 Millimeter	=	¹/₃	„

Bei der Dezimaltheilung sind aber diese Drittel auf dem Fuß gar nicht
enthalten, so daß man mit dem Fuß und seinen Untertheilungen nicht einmal die
andern gleichberechtigten und allgemein deutschen Maße vollständig messen kann.
Noch viel complizirter wird die Sache mit den Quabraten und Würfeln dieser
Längengröße.

Wollte man je die Länge von 3 Dezimetern als Fuß benützen, so gäbe
es keinen einfacheren Ausweg als diese Länge mit der auf derselben befindlichen
Theilung in 30 Zentimeter zu 10 Millimetern zu nehmen, dann hätte man wenig=
stens nicht gleich bei der Verwendung als Längenmaß Schwierigkeiten. Bei dem
darauf gegründeten Quadrat= und Kubikfuß blieben dieselben allerdings nicht voll=
ständig aus.

Die Quadratruthe, die in den dezimalen bisherigen Maßordnungen 100
Quadratfuße enthielt, enthält nach dem Vorschlag 277,77... Quadratfuße und die
Kubikruthe 4629,629... Kubikfuße.

Es läßt sich also weder Ruthe, noch Meter noch ihre Quadrate und Würfel
genau in dem neuen Fußmaß ausdrücken.

Den Uebergang zum reinen System kann also dieses Maß nicht erleichtern.
Die Idee durch solche Bastardmaße eine Uebergangsstation zu dem reinen System
zu bekommen, hatte man im Jahr 1812 und den folgenden in Frankreich durch
Zulassung von zwei= und zwölftheilig zerlegten Gebrauchsmaßen und später in
Baden, der Schweiz und Nassau bei Aufstellung des auf den eben vorgeschla=
genen Dreidezimeterfuß gegründeten Maßsystems zu verwirklichen gesucht und ist
überall zu der Einsicht gelangt, daß man sich im Irrthum befand und deßhalb
die große Arbeit der Maßänderung nur zweimal durchzumachen hat, ohne durch
den ersten Uebergang auf den zweiten irgendwie vorbereitet worden zu sein. Was
die gewohnte Größe des Fußmaßes betrifft, so ist dieß, wie schon im ersten Theil
näher erörtert worden, nicht ganz richtig, überdieß gewöhnen sich diejenigen, welche
überhaupt mit Maßen sich abgeben, sich schnell an ein neues Maß, wenn mit
Einführung des neuen Maßes das alte gänzlich abgeschafft wird.

Die Schätzung nach dem Augenmaß aber ist nach dem Meter nicht schwerer,
als nach Fußen. Was über 3 Fuß ist, schätzt man schon sehr unsicher und
große Höhen, wie die von Häusern schätzt man nach der Stockzahl und deren

bekannter Höhe, die von Bäumen, die nicht in der Nähe der Häuser stehen, schätzt man sehr unsicher. Wie unsicher aber Schätzungen überhaupt sind, weiß jeder, der sich schon darin zu üben versucht hat. Ein einfaches Beispiel ist, daß nicht leicht Jemand die Höhe eines auf dem Tisch stehenden Seidenhuts an der Wand richtig angeben kann, sondern dieselbe in der Regel viel zu hoch angibt.

Ein Naturmaß ist aber der neue Fuß ebensowenig als der alte. Die mittlere Länge des ausgewachsenen menschlichen Fußes ist 255 M/M, also viel kürzer als der neue Fuß zu 300 M/M und auch viel kürzer als die meisten deutschen Fußmaße, die sich zwischen 250 und 310 M/M bewegen *) und als mißbräuchliche Maße neben dem neuen Fuß zu 300 M/M noch lange fortbestehen könnten und den Verkehr erheblich hindern würden, was neben dem ungefähr 3 Mal so langen Meter nicht möglich ist. Nimmt man alle zugelassenen Längenmaße zusammen, so hat das neue Maßsystem folgende Glieder:

Erdumfang   = 5333 1/3 Meilen
1 Meile   =   7 1/2 Kilometer
1 Kilometer =   100   Dekameter
1 Dekameter =   2   Ruthen = 5 Lachter, (Faden).
1 Ruthe   =   5   Meter   1 „   „ = 2 Meter
1 Meter   =   3 1/3 Fuß
1 Fuß   =   3   Dezimeter u. s. f.

Ein Fortschritt wäre ein solches System nicht.

Die zugelassenen Feldmaße, das Joch und der Morgen machen keine so große Störung und das ganze System da sie keine weiteren Maßglieder anderer Ordnung im Gefolge haben, nur sind sie unnöthig da die Bezeichnung Halb-Hektar oder 50 Ar eine viel bestimmtere Anschauung von der Größe des dadurch bezeichneten Feldstückes gibt, als die Namen Joch und Morgen, deren Zusammenhang mit dem Ar man erst auswendig wissen muß.

Bei den metrischen Hohlmaßen und Gewichten spricht schon der nahe Zusammenhang zwischen beiden für ihren Vorzug. In diesen Maßen sind wenigstens außer der Untertheilung von Liter und Pfund keine Zugeständnisse gemacht worden. Diese aber sind immerhin noch störend genug. Bei den Hohlmaßen läßt sich für Flüssigkeiten eine hinreichend kleine Untertheilung in allen Maßsystemen vermissen, leider ist die Lücke in dem deutschen Vorschlag nicht ausgefüllt. Die drei in Deutschland üblichen Untertheilungen des Pfunds und die

---

*) Die außerdeutschen Fußmaße waren noch länger:

der alte pariser Fuß = 324,8 M/M.
der neue   „   „   = 333,3   „
der venetianische „ = 347,7   „
der brescianische „ = 475,4   „
der piemontesische „ = 513,7   „

noch zugelassenen besonderen Gewichte für edle Metalle, Juwelen und Perlen sowie für Medizinalwesen, lassen auch die Ordnung im Gewichtswesen noch ziemlich gering erscheinen.

Trotz den aufgeführten Mängeln in den zugelassenen Landesmaßen enthielt
dieser Maßvorschlag einen wesentlichen Fortschritt durch Bestimmung der haupt-
sächlichsten metrischen Maße als allgemeine deutsche Maße und entspricht jedenfalls der Stufe, die das Maßwesen in Frankreich zur Zeit der Schöpfung der
im Eingang erwähnten Gebrauchsmaße vom Jahr 1812 ab einnahm.

Die Auflösung des deutschen Bundes durch die Ereignisse des Jahrs 1866
ließ diesen Vorschlag nicht zur Ausführung kommen.

Indessen nahm im Jahr 1868 der Norddeutsche Bund diesen Vorschlag
wieder auf. Bei den Verhandlungen im Reichstag fielen die zugelassenen Landesmaße des deutschen Maßvorschlags beinahe vollständig, dagegen wurden für
einige metrische Glieder und einige Hälften alte Namen beigegeben. Die aus
den Verhandlungen hervorgehende Maß- und Gewichtordnung enthält:

Maß- und Gewichtordnung für den Norddeutschen Bund,
vom 17. August 1868.

Art. 1. Die Grundlage des Maßes und Gewichtes ist das Meter oder
der Stab, mit dezimaler Theilung und Vervielfachung.

Art. 2. Als Urmaß gilt derjenige Platinstab, welcher im Besitze der
Königl. Preußischen Regierung sich befindet, im Jahr 1863 durch eine von dieser
und der Kaiserl. französischen Regierung bestellte Commission mit dem in dem
Kaiserlichen Archiv zu Paris aufbewahrten Mètre des Archives verglichen und
bei der Temperatur des schmelzenden Eises gleich 1,000 000 01 Meter befunden
worden ist.

Art. 3. Es gelten folgende Maße:

A. Längenmaße.

Die Einheit bildet das Meter oder der Stab.

Der hundertste Theil des Meters heißt
das Zentimeter oder der Neu-Zoll.

Der tausendste Theil des Meters heißt
das Millimeter oder der Strich.

Zehn Meter heißen das Dekameter oder die Kette.

Tausend Meter heißen das Kilometer.

B. Flächenmaße.

Die Einheit bildet das Quadratmeter oder der Quadratstab.

Hundert Quadratmeter heißen das Ar.

Zehntausend Quadratmeter heißen das Hektar.

C. Körpermaße.

Die Grundlage bildet das Kubikmeter oder der Kubikstab.

Die Einheit ist der tausendste Theil des Kubikmeters und heißt das Liter oder die Kanne.

Das halbe Liter heißt der Schoppen.

Hundert Liter oder der zehnte Theil des Kubikmeters heißt das Hektoliter oder das Faß.

Fünfzig Liter sind ein Scheffel.

Art. 4. Als Entfernungsmaß dient die Meile von 7500 Metern.

Art. 5. Als Urgewicht gilt das im Besitze der Königl. Preußischen Regierung befindliche Platin-Kilogramm, welches mit Nummer 1 bezeichnet, im Jahr 1860 durch eine von der Königl. Preußischen und der Kaiserl. Französischen Regierung niedergesetzte Commission mit dem in dem Kaiserlichen Archive zu Paris aufbewahrten Kilogramme prototype verglichen und gleich 0,₉₉₉ ₉₉₉ ₈₄₂ Kilogramm befunden worden ist.

Art. 6. Die Einheit des Gewichts bildet das Kilogramm (gleich zwei Pfund). Es ist das Gewicht eines Liters destillirten Wassers bei + 4 Gr. des hunderttheiligen Thermometers.

Das Kilogramm wird in 1000 Gramme getheilt, mit dezimalen Unterabtheilungen.

Zehn Gramme heißen das Dekagramm oder das Neuloth.

Der zehnte Theil eines Gramms heißt das Dezigramm, der hundertste das Zentigramm, der tausendste das Milligramm.

Ein halbes Kilogramm heißt das Pfund.

50 Kilogramm oder 100 Pfund heißen der Zentner.

1000 Kilogramm oder 2000 Pfund heißen die Tonne.

Art. 7. Ein von diesem Gewichte (Art. 6) abweichendes Medizinalgewicht findet nicht statt.

Art. 8. In Betreff des Münzgewichts verbleibt es bei den im Art. 1 des Münzvertrags vom 24. Januar 1857 gegebenen Bestimmungen.

Art. 9. Nach beglaubigten Kopien des Urmaßes (Art. 2) und des Urgewichts (Art. 5) werden die Normalmaße und Normalgewichte hergestellt und richtig erhalten.

Art. 10. Zum Zumessen und Zuwägen im öffentlichen Verkehr dürfen nur in Gemäßheit dieser Maß- und Gewichtsordnung gehörig gestempelte Maße, Gewichte und Wagen angewendet werden. Der Gebrauch unrichtiger Maße, Gewichte und Wagen ist untersagt, auch wenn dieselben im übrigen den Bestimmungen dieser Maß- und Gewichtsordnung entsprechen. Die näheren Bestimmungen über die äußersten Grenzen der im öffentlichen Verkehr noch zu buldenden Abweichungen von der absoluten Richtigkeit erfolgen nach Vernehmung der im Art. 18. bezeichneten technischen Behörde durch den Bundesrath.

Art. 11. Bei dem Verkaufe weingeistiger Flüssigkeiten nach Stärkegraben dürfen zur Ermittelung des Alkoholgehaltes nur gehörig gestempelte Alkoholometer und Thermometer angewendet werden.

Art. 12. Der in Fässern zum Verkaufe kommende Wein darf dem Käufer nur in solchen Fässern, auf welchen die den Raumgehalt bildende Zahl der Liter durch Stempelung beglaubigt ist, überliefert werden. Eine Ausnahme hievon findet nur bezüglich desjenigen Weines statt, welcher in den Originalgebinden weiter verkauft wird.

Art. 13. Gasmesser, nach welchen die Vergütung für den Verbrauch von Leuchtgas bestimmt wird, sollen gehörig gestempelt sein.

Art. 14. Zur Eichung und Stempelung sind nur diejenigen Maße und Gewichte zuzulassen, welche den in Art. 3 und 6 dieser Maß- und Gewichtsordnung benannten Größen, oder ihrer Hälfte, sowie ihrem Zwei-, Fünf-, Zehn- und Zwanzigfachen entsprechen. Zulässig ist ferner die Eichung und Stempelung des Viertel-Hektoliter, sowie fortgesetzter Halbirungen des Liter.

Art. 15. Das Geschäft der Eichung und Stempelung wird ausschließlich durch Eichungsämter ausgeübt, deren Personal von der Obrigkeit bestellt wird. Diese Aemter werden mit den erforderlichen, nach den Normalmaßen und Gewichten (Art. 9.) hergestellten Eichungsnormalen, beziehungsweise mit den erforderlichen Normalapparaten versehen. Die für die Eichung und Stempelung zu erhebenden Gebühren werden durch eine allgemeine Taxe geregelt (Art. 18.).

Art. 16. Die Errichtung der Eichungsämter (Art. 15.) steht den Bundesregierungen zu und erfolgt nach den Landesgesetzen. Dieselben können auf einen einzelnen Zweig des Eichungsgeschäfts beschränkt sein, oder mehrere Zweige desselben umfassen.

Art. 17. Die Bundesregierungen haben, jede für sich oder mehrere gemeinschaftlich zum Zweck der Aufsicht über die Geschäftsführung und die ordnungsmäßige Unterhaltung der Eichungsämter die erforderlichen Anordnungen zu treffen. In gleicher Weise liegt ihnen die Fürsorge für eine periodisch wiederkehrende Vergleichung der im Gebrauch der Eichungsämter befindlichen Eichungsnormale (Art. 15.) mit den Normalmaßen und Gewichten ob.

Art. 18. Es wird eine Normal-Eichungscommission vom Bunde bestellt und unterhalten. Dieselbe hat ihren Sitz in Berlin. Die Normal-Eichungscommission hat darüber zu wachen, daß im gesammten Bundesgebiete das Eichungswesen nach übereinstimmenden Regeln und dem Interesse des Verkehrs entsprechend gehandhabt werde. Ihr liegt die Anfertigung und Verabfolgung der Normale (Art. 9.), so weit nöthig auch der Eichungsnormale (Art. 15.) an die Eichungsstellen des Bundes ob, und ist sie daher mit den für ihren Geschäftsbetrieb nöthigen Instrumenten und Apparaten auszurüsten. Die Normal-Eichungscommission hat die näheren Vorschriften über Material, Gestalt, Bezeichnung und sonstige Beschaffenheit der Maße und Gewichte, ferner über die von Seiten der Eichungsstellen innezuhaltenden Fehlergrenzen zu erlassen. Sie bestimmt, welche Arten von Wagen im öffentlichen Verkehr oder nur zu besonderen gewerblichen Zwecken angewendet werden dürfen, und setzt die Bedingungen ihrer

Stempelfähigkeit fest. Sie hat ferner das Erforderliche über die Einrichtung der sonst in dieser Maß- und Gewichtsordnung aufgestellten Meßwerkzeuge vorzuschreiben, sowie über die Zulassung anderweiter Geräthschaften zur Eichung und Stempelung zu entscheiden. Der Normal-Eichungscommission liegt es ob, das bei der Eichung und Stempelung zu beobachtende Verfahren und die Taxen für die von den Eichstellen zu erhebenden Gebühren (Art. 15) festzusetzen, und überhaupt alle die technische Seite des Eichungswesens betreffenden Gegenstände zu regeln.

Art. 19. Sämmtliche Eichungsstellen des Bundesgebiets haben sich, neben dem jeder Stelle eigenthümlichen Zeichen, eines übereinstimmenden Stempelzeichens zur Beglaubigung der von ihnen geeichten Gegenstände zu bedienen. Diese Stempelzeichen werden von der Normal-Eichungs-Commission bestimmt.

Art. 20. Maße, Gewichte und Werkzeuge, welche von einer Eichungsstelle des Bundesgebiets geeicht und mit dem vorschriftsmäßigen Stempelzeichen beglaubigt sind, dürfen im ganzen Umfange des Bundesgebiets im öffentlichen Verkehr angewendet werden.

Art. 21. Diese Maß- und Gewichtsordnung tritt mit dem 1. Januar 1872 in Kraft. Die Landesregierungen haben die Verhältnißzahlen für die Umrechnung der bisherigen Landesmaße und Gewichte in die neuen festzustellen und bekannt zu machen, und sonst alle Anordnungen zu treffen, welche, außer den nach Art. 18 der technischen Bundes-Centralbehörde vorbehaltenen Vorschriften, zur Sicherung der Ein- und Durchführung der in dieser Maß- und Gewichtsordnung, namentlich in Art. 10, 11, 12 und 13 enthaltenen Bestimmungen erforderlich sind.

Art. 22. Die Anwendung der dieser Maß- und Gewichtsordnung entsprechenden Maße und Gewichte ist bereits vom 1. Januar 1870 gestattet, insofern die Betheiligten hierüber einig sind.

Art. 23. Die Normal-Eichungscommission (Art. 18) tritt alsbald nach Verkündung der Maß- und Gewichtsordnung in Thätigkeit, um die Eichungsbehörden bis zu dem im Art. 22 angegebenen Zeitpunkt zur Eichung und Stempelung der von ihnen vorgelegten Maße und Gewichte in den Stand zu setzen.

Faßt man die in diesem Gesetz enthaltenen metrischen Maße tabellarisch zusammen unter Beifügung der dem metrischen System entsprechenden in dem Gesetz aber ausgelassenen Zwischenglieder in kleinerem Druck, so hat man folgende Tabelle:

Maßordnung des norddeutschen Bundes.

I. Längenmaße.

a) aus dem metrischen System:

das **Myriameter**	= 10000 Meter	
„ **Kilometer**	= 1000	„
„ **Hektometer**	= 100	„

„ Dekameter   =   10   „   = die Kette
„ Meter   = Maßeinheit   = der Stab
„ Dezimeter   = $^1/_{10}$ Meter
„ Zentimeter   = $^1/_{100}$ „ = der Neuzoll.
„ Millimeter   = $^1/_{1000}$ „ = der Strich.

b) außerhalb des Systems:

die Meile = 7500 Meter.

II. Flächenmaße.

das Myriar   = 10000 Ar
„ Hektar   =   100 Ar = 10000 Quadratmeter
„ Ar   =   1 Ar =   100 Quadratmeter
„ Zentiar   = $^1/_{100}$ Ar = Quadratmeter,
bie Einheit.

III. Körper=Hohl=Maße.

a) volle metrische Maßglieder

das Kiloliter   = 1000 Liter = 1 Kubikmeter
„ Hektoliter =   100 Liter = $^1/_{10}$ Kubikmeter = das Faß
„ Dekaliter   =   10 Liter = $^1/_{100}$ Kubikmeter
„ Liter   = die Einheit = $^1/_{1000}$ Kubikmeter = die Kanne.
„ Deziliter   = $^1/_{10}$ Liter = $^1/_{10\,000}$ Kubikmeter
„ Zentiliter   = $^1/_{100}$ Liter = $^1/_{100\,000}$ „

b) Hälften von metrischen Maßgliedern

$^1/_2$ Hektoliter = der Scheffel.
$^1/_2$ Liter   = der Schoppen.

IV. Gewichte.

a) volle metrische Maßglieder

die Tonne
das Millier   } = 1000 Kilogramm

das Quintal
der metrische Zentner   } =   100 Kilogramm

das Myriagramm   =   10 Kilogramm
„ Kilogramm   = 1000 Gramm
„ Hektogramm   =   100   „
„ Dekagramm   =   10   „ = das Neuloth
„ Gramm   =   1   „
„ Dezigramm   = $^1/_{10}$ „
„ Zentigramm   = $^1/_{100}$ „
„ Milligramm   = $^1/_{1000}$ „

b) Hälften von metrischen Maßgliedern.

das Halb=Quintal
der metrische Halb=Zentner } = der Zollzentner

das Halb=Kilogramm   = das Zollpfund.

In diesem Gesetz ist ein Fortschritt gegen den Frankfurter Maßvorschlag nicht zu verkennen. Der Fortschritt zeigt sich in dem Wegfall der besonderen zu Verwechslungen Anlaß gebenden Namen Faden und Lachter für das Doppelmeter, das ja als doppeltes eines systematischen Maßes als Meßgeräth zulässig ist, nur keinen besonderen Namen, der es den systematischen Gliedern gleichstellen würde, führen soll.

Der Wegfall des Dreibezimeterfußes *), ist wohl der bedeutendste Fortschritt. Als Fortschritt muß auch bezeichnet werden der Wegfall der Ruthe von 5 Metern, die als Meßgeräth jedoch ohne selbständigen Namen ja doch zulässig ist, ferner der Wegfall von Joch und Morgen, sowie von Klafter und Viertel und der Schiffslast von 2 Tonnen.

Dagegen ist bezüglich der Reinheit und Klarheit des Systems eher ein Rückschritt bemerklich durch die weitere Verstümmelung der bezimalen Aufeinanderfolge der Maßglieder, sowie durch die so störende Aufnahme alter Namen für metrische Maßglieder.

Bei den Längenmaßen ist aus der systematischen Reihe weggeblieben das oberste Endglied, das Myriameter, die Mittelglieder Hektometer und Dezimeter. Daß die dafür eingeführte Meile des Myriameter nicht ersetzt und ganz unnöthige Schwierigkeiten bringt, insbesondere bei der Quadratur und Kubatur ist schon früher angeführt worden. Das Hektometer ist als Seite des unter dem Namen Hektar aufgenommenen Hektometerquadrats doch einiger Berücksichtigung werth, insbesondere aber ist die Weglassung des Dezimeters unbegreiflich, da dasselbe als Seite des als Liter bezeichneten Dezimeterwürfels gar nicht zu entbehren ist, und wegen dieses Zusammenhangs auch als Längenmaß für Angabe

---

*) Seine Aufnahme in den Frankfurter Maßvorschlag vom Jahre 1865 war von der K. preußischen Regierung als „conditio sine qua non" aufgestellt worden, von allen Bevollmächtigten stimmten für denselben jedoch nur die von Preußen, Mecklenburg und Hannover und zwar enthält das Protokoll der 25. Sitzung bezüglich der Abstimmung über diesen Fuß:

„Für Beibehaltung stimmen die Bevollmächtigten für Preußen, Hannover und Mecklenburg-Schwerin, jener für Hanover mit folgender zu Protokoll gegebenen Motivirung, welcher sich der Bevollmächtigte für Mecklenburg-Schwerin im Wesentlichen anschließt.

Die Kgl. Hannöverische Regierung halte den Dreibezimeterfuß, zumal mit selbstständiger Benennung der bezimalen Theile, auch als nur zulässiges Landesmaß für schädlich und sei entschlossen, denselben im Königreich nicht einzuführen. — Noch schädlicher für die Einführung des metrischen Systems in Deutschland erscheine es aber der Kgl. Regierung, wenn die Kgl. Preuß. Regierung, welche die Zulassung des Fußes als Landesmaß durch ihren Hrn. Bevollmächtigten als conditio sine qua non bezeichnet habe, dem zu schaffenden Werke ihre Zustimmung versagen würde. — Aus diesem und nur aus diesem Grunde stimmen die Kgl. Hannöverischen Bevollmächtigten für die Zulassung des Fußes."

Gegen Beibehaltung des Dreibezimeterfußes erklären sich die übrigen Bevollmächtigten ꝛc. ꝛc.

des Rauminhalts von Hohlräumen in Litern sehr zweckmäßig Verwendung findet, auch gerade diejenige Länge bezeichnet, die am ehesten mit einer Körperdimension, der Handbreite eines Arbeiters stimmt, was ihr in andern Staaten die Bezeichnung Palm oder Faust eingetragen hat.

Im Maschinenbau werden freilich die Millimeter, im Bekleidungsgewerbe die Zentimeter, bei der Feldmessung die Meter vorzugsweise verwendet, dieß ist aber kein Grund, deßhalb in dem gesetzlichen Maßsystem den dezimalen Zusammenhang zu stören, da die Beibehaltung der vollen dezimalen Stufenreihe dem Art. 1, welcher den dezimalen Aufbau und nicht den abwechselnd dezimalen und zentesimalen Bau ausspricht, entsprechender ist und jedenfalls keinerlei Interessen verletzt.

Das noch übrig bleibende gibt ein sehr mangelhaftes System es bleibt:

$$
\begin{aligned}
\text{die metrische Meile} &= 7500 \text{ Meter} = 7\tfrac{1}{2} \text{ Kilometer} \\
\text{das Kilometer} &= 1000 \text{ Meter} = 100 \text{ Dekameter} \\
\text{das Dekameter} &= 10 \text{ Meter} = 10 \text{ Meter} \\
\text{das Meter, die Maßeinheit 1 Meter} &= 100 \text{ Zentimeter} \\
\text{das Zentimeter} &= \tfrac{1}{100} \text{ Meter} = 10 \text{ Millimeter} \\
\text{das Millimeter} &= \tfrac{1}{1000} \text{ Meter}
\end{aligned}
$$

oder aber wie man bereits in Rechenbüchern zu lesen bekommt.

$$
\begin{aligned}
\text{Die metrische Meile} &= 7500 \text{ Stab} = 7\tfrac{1}{2} \text{ Kilometer} \\
\text{das Kilometer} &= 1000 \text{ Stab} = 100 \text{ Ketten} \\
\text{die Kette} &= 10 \text{ Stab} = 10 \text{ Stab} \\
\text{der Stab, die Einheit} &= 1 \text{ Meter} = 100 \text{ Neuzoll} \\
\text{der Neuzoll} &= \tfrac{1}{100} \text{ Stab} = 10 \text{ Strich} \\
\text{der Strich} &= \tfrac{1}{1000} \text{ Stab.}
\end{aligned}
$$

Dadurch ist die Rechnung mit ungleich benannten Größen die durch die systematischen metrischen Bezeichnungen in eine reine Dezimalrechnung verwandelt ist, nicht vollständig beseitigt, was bereits in den eben ausgegebenen Rechenbüchern sich bemerklich macht*) Die Abwechslung der Reduktionszahlen zwischen 10 und 100 trägt jedenfalls zur Vereinfachung nicht viel bei.

---

*) In einem derselben finden sich z. B. unter andern folgende Angaben:

1 Preuß. Ruthe = 3 Stab 76 Neuzoll und $6^1{}_4$ Strich.

1 Preuß. Q.-R. = 14 Q.-Meters (Stab) 1845 Q.-Neuzoll (Centim) und 76,8026 Q.-Strich (mm.)

1 Wispel = 26 Neu-Scheffel (= 0,26 Hect.) und 19,0700 Kannen (Liters).

1 alter Scheffel = 5 Neu-Scheffel und 49615 Kannen.

Als Additions-Aufgabe für Gewichte findet sich:

Kiste		Ctr.		Kilogr.		Pfund		Neuloth
A.	3	Ctr.	42	Kilogr.	1	Pfund	48,5	Neuloth
„ B.	2	„	27	„	—	„	38,5	„
„ C.	3	„	4	„	—	„	69,5	„
„ D.	2	„	34	„	1	„	36,5	„
„ E.	3	„	24	„	—	„	49,5	„

Zuf. 15 Ctr. 33 Kilogr. — Pfund 112,5 Neuloth = $15^{617}/_{1000}$ Ctr.

In eben solcher Form erscheinen auch Reductionstabellen.

Was die Namen betrifft, so wäre der Name Meile der von mille her-
kommt nicht zu den streng deutschen zu rechnen und hätte eher als Bezeichnung
für Kilometer oder Tausend=Stab Sinn.

Die Aehnlichkeit ihrer Größe mit vielen alten Meilen ermöglicht diesen
das mißbräuchliche Fortbestehen, gibt dadurch zu Verwechslungen Anlaß und es
wird der Ausdruck Neumeile nicht zu umgehen sein. Die Bezeichnung Kette hat
bisher als Bezeichnung für 4 englische Ruthen = 66 engl. Fuß gedient, ist
aber als Maßbezeichnung nicht günstig und wird für diese spezielle Bedeutung
als metrische Kette zu bezeichnen sein.

Die Bezeichnung Stab dagegen gibt Verwechslungen mit dem bisher schon
gebrauchten Stab für Langwaaren.

Ueber den Namen Stab hat schon das Gutachten der Frankfurter Commission den Stab gebrochen, indem dort gesagt ist:

„Es erscheint, nach reiflichster Erwägung, nicht gerathen, den Namen des
Grundmaßes — Meter — zu ändern und etwa das deutsche Wort — Stab
— dafür zu gebrauchen. Wenn Gleichheit des Namens für die gleiche Sache
überhaupt, als die gegenseitige Verständigung fördernd, von Nutzen ist und nur
aus besonderen Gründen zu vernachlässigen sein wird, so gilt dieß vorzugsweise
beim Längenmaße, welches im internationalen Verkehr bei weitem mehr als andere Maße in Betracht kommt. Da nun das Metermaß ohnehin keine Analogie
mit bisherigen deutschen Maßen hat, folglich ein neuer Name jedenfalls gewählt
werden muß, so ergibt sich als das Richtigste, nach dem Beispiele Belgiens,
Spaniens, Sardiniens u. s. w. die ursprüngliche Bezeichnung beizubehalten. Zudem klingt das nach dem Griechischen gebildete Wort Meter ebenso gut deutsch,
wie zahllose andere von ähnlicher Bildung, ja in Zusammensetzungen sind wir
das Wort Meter längst selbst in der täglichen Umgangssprache gewohnt: Barometer, Thermometer, Geometer u. s. w.“

Statt Neuzoll wäre metrischer Zoll wahrscheinlich nöthig, da die Dezimal-
zolle häufig Neuzolle genannt wurden. Uebrigens ist Name und Größe des
Zentimeters durch die Bandmaße der Schneider längst bekannt, ebenso die des
Millimeters.

Welcher Vortheil oder welche Erleichterung darin liegen soll, daß für dieselbe neue Maßgröße gleich 2 neue Bezeichnungen, eine systematisch richtige und
einfache und eine mit Gewalt zu dieser Rolle gestempelte eingeführt werden, ist
nicht abzusehen.

Bei den Feldmaßen ist das Quadratmeter als Einheit genommen, während
im metrischen System das Quadrat=Dekameter als Quadrat der Einheit der
Feldlängen die Einheit ist und das Quadratmeter als $^1/_{100}$ derselben die Vermittlung mit den gewerblichen Flächenmaßen bildet.

Ueber die Neuerungen im Körper- und Hohlmaß ist ähnliches zu bemerken wie über die Neuerungen im Längenmaß. Die Bezeichnung Faß und Kanne neben den schon im Verkehr bekannten Hektoliter und Liter ist zum mindesten unnöthig, da beide Bezeichnungen als Namen für die Gefässe zu unentbehrlich sind und nicht zugleich Maße bedeuten können, man hätte dann Fässer von 1, 2 3, 4 Faß und Kannen von 1, 2 u. s. f. Kannen-Inhalt, ebenso wie man Stäbe von 1½ Stab Länge und Ketten von ½ Ketten Länge, Striche von 7 Strich Länge u. dgl. hätte.

Das Dekaliter, das gerade ungefähr der gebräuchlichsten Maßgröße, dem halben Simri entspricht, ist ausgefallen, ebenso die bezimale Untertheilung des Liters, welche ein so bringendes Bedürfniß für den Kleinhandel mit theuren Flüssigkeiten ist und jedenfalls die Uebereinstimmung zwischen Maß und Gewicht aufrecht hält. Im Gewichtsmaß ist das Dekagramm vorhanden, das entsprechende Wasserquantum, das Zentiliter, fehlt, umgekehrt fehlt im Gewichtsmaß das Gewicht des Hektoliters Wasser, das Quintal oder der metrische Zentner. Die Einführung der alten Namen Scheffel und Schoppen für die halben Hekto- liter und Liter gibt eine unnöthige Vielzahl von Namen, die neben der systema- tischen Bezeichnung dieser Größen als ½ Hektoliter und ⅒ Liter gar nicht nöthig sind und Verwechslungen und Täuschungen verursachen können.

Von den metrischen Gewichten ist nur Hektogramm, Myriagramm und Quintal oder metrischer Zentner gestrichen, dafür aber besondere Bezeichnungen von Hälften wie Zentner und Pfund und von einem systematischen Gewicht — Neuloth für das Dekagramm — gegeben; an praktischem Werth ist dadurch nichts gewonnen, für das System aber der Zusammenhang verloren, außerdem wird die Bezeichnung Neuloth für 10 Gramm, welche seit der Normirung des Zollge- wichts in einigen Theilen des norddeutschen Bundes für das Zehntels-Pfund, also für 50 Gramm diente, in jenen Landestheilen eine ziemliche Begriffs-Ver- wirrung verursachen.

Macht man die Zusammenstellung der in der neuen Maßordnung vorkom- menden Maßglieder, so steht sie folgendermaßen aus:

I. Längenmaße.

Grundlage: des Meter, Bau bezimal und zentesimal.

1 metrische Meile = 7½ Kilometer = 750 Ketten = 7500 Stab
1 „ = 100 „ = 1000 „
1 „ = 10 „

und weiter: 1 Stab = 100 Neuzoll = 1000 Strich
1 „ = 10 „

Die Reduktionszahlen sind 7½, 100, 10, 100, 10.

II. Flächenmaße.

1 Hektar = 100 Ar = 100 Quadratketten = 10000 Quadratstab
 1 Ar = 1 Quadratkette = 100 „
einzige Reduktionszahl: 100.

III. Holzmaß.

1 Kubikmeter
zweitheilige Untertheilung; also Reduktionszahl 2.

IV. Hohlmaß für Flüssigkeiten.

1 Kubikmeter = 10 Faß = 1000 Kannen = 2000 Schoppen
 1 Faß = 100 Kannen = 200 „
 1 Kanne = 2 „
Reduktionszahlen: 10, 100,2.

V. Hohlmaß für trockene Körper.

1 Kubikmeter = 10 Hektoliter = 20 Scheffel = 1000 Liter
 1 Hektoliter = 2 Scheffel = 100 „
 1 Scheffel = 50 „
Reduktionszahlen: 10, 2, 50.

VI. Gewicht.

1 Tonne = 20 Zentner = 1000 Kilogramm = 2000 Pfund
 1 „ = 50 „ = 100 „
 1 „ = 2 „
und: 1 Kilogramm = 2 Pfund = 100 Neuloth = 1000 Gramm
 1 Pfund = 50 „ = 500 „
 1 „ = 10 „
endlich: 1 Gramm = 10 Dezigramm = 100 Zentigramm = 1000 Milligr.
 1 „ = 10 „ = 100 „
 1 „ = 10 „
Reduktionszahlen: 20, 50, 2, 50, 10, 10, 10, 10.

In dieser Maßordnung kommen also abgesehen von den Quadraten und Würfeln der Längenmaße immer noch 6 verschiedene Reduktionszahlen vor, nämlich: 100, 50, 20, 10, 7½, 2, noch 4 metrische Einheitsbezeichnungen: Meter, Ar, Liter, Gramm, noch 6 metrische Zahlbezeichnungen: Kilo, Hekto, Deka, Dezi, Zenti, Milli, dazu 8 weitere Einheitsnamen: Meile, Stab, Neuzoll, Strich, Faß, Kanne, Tonne, Neuloth; ferner 4 Namen für Halbe metrischer Größen: Scheffel, Schoppen, Zentner, Pfund.

Es fehlen von den metrischen Zahl- und Einheitszeichnungen nur je 1 vollkommen, nämlich Myria für 10 000 und Ster für den Meterwürfel Brennholz, dafür sind gekommen: 4 nicht metrische Reduktionszahlen und 11 weitere Namen.

Die gegenseitige Abrechnung ergiebt:

	Frankfurter Maßvorschlag	norddeutsche Maßordnung	reines metrisches Syſtem
Reductionszahlen* außer 10 und 100	6	4	0
metriſche Einheitsnamen	4	4	5
ſonſtige Namen	14	12	2 *)
metriſche Zahlbezeichnungen	6	6	7
Gedächtnißſtücke	30	26	14
*) deren Größe und Stellung in der Maßordnung zu merken iſt.	zu viel um 16	zu viel um 12	*) Tonne und Quintal.

Die beabſichtigte Vereinfachung hat alſo in keinem Fall zum Ziel geführt, die Zahl der Gedächtnißſtücke iſt beim Frankfurter Vorſchlag mehr als doppelt und bei der norddeutſchen Maßordnung nahezu doppelt ſo groß, als beim metriſchen Syſtem.

Wollte man dieſes wirklich einigermaßen vereinfachen, ſo könnte dieß höchſtens durch Abſchaffung der Zahlbezeichnung Myria geſchehen, der Vortheil wäre jedoch kein ſehr großer, da gerade dieſe Bezeichnung nicht bei den alltäglich gebrauchten Maßgrößen vorkommt.

Die für die ſüddeutſchen Staaten vorgeſchlagenen jedoch noch nicht verab- ſchiedeten Maß- und Gewichtsordnungen ſtimmen im Weſentlichen mit der für den norddeutſchen Bund überein, die Abänderungen, die ſie zeigen, ſind nur auf Vereinfachung in den Namen gerichtet, ſo fehlt in der für Württemberg vorge- ſchlagenen Maßordnung: die Meile, die Bezeichnung des Liters als Kanne, des Halb- Hektoliters als Scheffel, des Dekagramms als Neuloth und die Tonne; dagegen iſt leider geblieben: die Bezeichnung des Dekameters als Kette, des Meters als Stab, des Zentimeters als Neuzoll, des Millimeters als Strich, des Halb-Liters als Schop- pen, des Halb-Kilogramms als Pfund und des Halb-Quintals als Zentner. Dieſer Vorſchlag hat immerhin noch 21 Gedächtnißſtücke, alſo um 5 weniger als die norddeutſche Maßordnung und dem reinen metriſchen Maßſyſtem gegen- über noch um 7 zu viel.

Es läßt ſich gar kein vernünftiger Grund auffinden, warum die Geſetz- gebungen die ganz richtige Einleitung:

„§. 1. Die Grundlage von Maß und Gewicht bildet das Meter mit bezimaler Theilung und Vervielfachung", nicht einfach fortſetzen:

§. 2. Alle Längen werden gemeſſen und beſtimmt nach Metern und den ſtreng bezimalen Vielfachen und Untertheilungen dieſer Einheit.

Zu unzweideutiger Bezeichnung der bezimalen Vielfachen dient die Vor- ſetzung der griechiſchen Vorſchlagsſilben vor den Einheitsnamen, nämlich Deka für 10, Hekto für 100, Kilo für 1000 und Myria für 10000.

Zu unzweideutiger Bezeichnung der dezimalen Untertheilungen dient die Vorsetzung der lateinischen Vorschlagssilben vor den Einheitsnamen, nämlich Dezi für ¹/₁₀, Zenti für ¹/₁₀₀, Milli für ¹/₁₀₀₀.

Als gesetzliche Maßeinheit für Weglängen dient das Kilometer = 1000 Meter, und für Feldlängen des Dekameter = 10 Meter.

§. 3. Zu Vergleichung der Flächengrößen dienen die Quadrate der Längen = Einheit und ihrer dezimalen Vielfachen und Untertheilungen.

Als Feldeinheit dient das Dekameterquadrat unter dem Namen Ar.

Alle Feldgrößen werden ausgedrückt in dieser Feldeinheit und ihren dezimalen Vielfachen und Untertheilungen, die durch Vorsetzung der griechischen und lateinischen Vorschlagssilben wie beim Meter unzweideutig bezeichnet werden können. Als gesetzliche Bezeichnung dient außer dem Ar noch das Hektar.

§. 4. Zu Vergleichung der Körpergrößen dienen die Würfel der Längeneinheit und ihrer dezimalen Vielfachen und Untertheilungen.

Als Einheit für Brennholzmessung dient der Meterwürfel unter dem Namen Ster. Die Scheitlänge beträgt 1 Meter. Für Bezeichnung der dezimalen Vielfachen und Untertheilungen dieser Holzeinheit können dieselben griechischen und lateinischen Vorschlagssilben wie bei der Längeneinheit benützt werden.

Als gesetzliche Bezeichnung dient außer dem Ster das Dekaster.

Als Einheit für alles was durch Einfüllen in einen Hohlraum gemessen werden kann, dient der Dezimeterwürfel unter dem Namen Liter. Für Bezeichnung der dezimalen Vielfachen und Untertheilungen dieser Hohlmaß-Einheit dienen dieselben griechischen und lateinischen Vorschlagssilben, wie bei den Längeneinheiten.

Als gesetzliche Bezeichnung dient außer dem Liter das Hektoliter.

Als Gewichtseinheit für alles, was gewogen wird, dient das Gewicht des Zentimeterwürfels Wasser von 4° C. im luftleeren Raum unter dem Namen Gramm. Für Bezeichnung der dezimalen Vielfachen und Untertheilungen dieser Gewichtseinheit dienen dieselben griechischen und lateinischen Vorschlagssilben, wie bei den Längeneinheiten. — Für Bezeichnung des 100 000fachen der Gewichtseinheit oder 100 Kilogramm dient der Name Quintal oder metrischer Zentner und für das 1000 000fache oder 1000 Kilogramm der Name Millier oder Tonne.

Als gesetzliche Bezeichnungen dienen sämmtliche metrische Bezeichnungen mit Ausnahme von Quintal, Myriagramm und Hektogramm.

Man sollte denken, einfacher und gemeinverständlicher könne ein Maßsystem nicht mehr sein.

Der Kommentar zur Maß= und Gewichtsordnung für den norddeutschen Bund von Sombart=Ermsleben drückt sich über das eben aufgeführte*) dem englischen Parlament als Bill vorliegende Maßsystem sehr treffend aus mit den Worten: „Gehen wir nun zur Würdigung dieser Skala und zu den Gründen über, welche dieselbe empfehlen, so ist es einmal das dekadische System, und dann

---

*) ohne die beigefügten gesetzlichen Einschränkungen.

die Harmonie, welche zwischen den Längen =, Flächen = und Hohl =, resp. Körper=
maßen untereinander, sowie die einfache und innige Beziehung, welche zwischen
diesen und den Gewichten besteht, so daß jede Verletzung dieses fein=
durchdachten Systems ein Einbruch und jede sogenannte Verbes=
serung nur ein „Hahnen=Ei" genannt werden kann."

Mit dem Jahr 1872 wird das metrische System wenigstens in seinen
Haupttheilen in ganz Deutschland mit Oestreich und in England, wo es jetzt schon
gesetzliche Geltung hat, eingeführt sein, wodurch diesem System eine solche Ver=
breitung gewonnen ist, daß auch die übrigen handeltreibenden Staaten nicht lange
mehr anstehen werden, sich dieser Maßeinigung anzuschließen, insbesondere nach=
dem die von Theilnehmern aus allen Ländern besuchten freien Konferenzen,
welche während der Pariser Ausstellung 1867 von dem Comite für Maß=,
Gewicht= und Münzwesen veranstaltet werden waren, sich einstimmig für allge=
meine Einführung des metrischen Maß= und Gewichtssystems erklärt hatten.

Mit Einführung des rein dezimalen Maßsystems wird sich selbstverständlich
auch der Rechen=Unterricht vorzugsweise der Dezimalrechnung zuwenden müssen,
um die heranwachsende Generation daran zu gewöhnen, im Messen, Wiegen, Zäh=
len und Rechnen nur zehntheilig zu verfahren. Dann erst wird der große Vortheil
dieses Systems erkannt und gewürdigt werden, während die jetzige Generation
wie die Arbeiter am Babylonischen Thurme sich kaum verständigen können, wenn
sie nach dem Wörterbuch der Maß=, Gewichts= und Münzordnungen ihrer Hei=
math zu einander reden.

4) Die Münzeinigung.

Nicht minder groß als im Maßwesen ist auch im Münzwesen der Wirr=
warr und die Nothwendigkeit einer Einigung.

Ueber die nach Grundsätzen des metrischen Systems herzustellende Normi=
rung von Münzen für Silber= oder Goldwährung ist bereits im II. Abschnitt
die Rede gewesen.

Die Gründe, welche für den Uebergang zur Goldwährung geltend gemacht
werden, sind:

1) Die immer größere Bedeutung, welche das Gold als Werthmaßstab
in den civilisirten Ländern der Erde thatsächlich gewinnt, sichert diesem Metall
mehr Stabilität des Werthes als dem Silber, das einer sehr wechselnden Nach=
frage für den Handel mit wenig civilisirten Ländern unterworfen ist.

2) Das Gold entspricht wegen seines großen Werthes unter einem kleinen
Volumen mehr den Bedürfnissen der Circulation und ist namentlich zu Versen=
dung auf größere Entfernungen besonders brauchbar, indem es bei gleichem Werthe
ein 15 mal kleineres Gewicht und ein fast 30 mal kleineres Volumen als Silber.
besitzt, was eine Ersparniß an Transport= und Verpackungskosten gewährt. Auch
zur sorgfältigen Aufbewahrung wird es dadurch mehr als das Silber geeignet.

3) Die Unbequemlichkeit des Silbers für die Aufbewahrung und Circulation größerer Summen haben die massenhafte Verwendung des Papiergeldes als
Zahlungsmittel begünstigt, wodurch die solide Metallbasis erschüttert wird und
Geldkrisen um so gefährlicher wirken, als Silber nicht so leicht und so schnell
wie Gold in größeren Beträgen vom Ausland bezogen werden kann.

4) Weil bei der reinen Silberwährung die Goldmünzen einen veränder-
lichen Courswerth haben müssen, so erschwert dieß den Handel und Verkehr und
bringt Unsicherheit schon in Schuldverhältnisse von kurzer Dauer. Eben beßhalb
erfüllen Banknoten, ohne daß sie einen innern Werth und selbst wenn sie Zwangs-
cours haben, den Zweck eines Zahlungsmittels besser als Metallgeld mit wech-
selndem Courswerth.

5) Die Goldmünzen nützen sich im Umlauf weniger ab als die Silbermünzen.

6) Auch die Prägekosten sind beim Gold (circa $\frac{1}{4}$ Prozent) bedeutend
geringer als beim Silber (circa 1 Prozent).

7) Bei Annahme der Goldwährung kann man die Silbermünzen gering-
haltig ausprägen und damit einen Gewinn erzielen, der wenigstens theilweise die
Kosten der Umprägung deckt.

Einer der gründlichsten Kenner des Münzwesens von theoretischer und tech-
nischer Seite, Bergrath Keller zu Stuttgart, drückt sich in seiner Schrift: „Die
Frage der internationalen Münzeinigung und der Reform des deutschen Münzwesens" nach Betrachtung der Verhältnisse der Edelmetallgewinnung und der
bisherigen Ausmünzungen ebenfalls sehr bestimmt für Uebergang zur alleinigen
Goldwährung aus, indem er sagt:

„Ueberblickt man die thatsächlichen Verhältnisse und die Veränderungen,
welche die Münzgesetzgebung verschiedener Länder in früheren Zeiten erfahren hat,
so kommt man zu dem Ergebniß, daß die Doppelwährung sowohl aus wissenschaftlichen, als auch aus praktischen Gründen zu verwerfen ist und daß dieses
System nur die Brücke bildet, um zur einheitlichen Währung, sei es in Gold,
sei es in Silber zu gelangen. Es ist aber ferner nicht zu verkennen, daß das
Gold in der Metallcirculation des Weltverkehrs immer mehr die überwiegende
Stelle einnimmt, während früher der spanische Silberpiaster und der französische
Fünffrankenthaler eine Art Weltmünze waren.

Wenn es sich daher heutigen Tags davon handelt, dem immer mehr her-
vortretenden Bedürfniß einer prinzipalen Valuta und einer Münzeinheit für Werth-
berechnungen im Welthandel Genüge zu leisten, so kann mit aller Sicherheit aus-
gesprochen werden, daß diese Rolle früher oder später dem Golde ausschließlich
zufallen muß, wodurch selbstverständlich dieses Metall auch den Werthmesser für
das Silber abgibt."

Die meisten und gewichtigsten Stimmen aus den Reihen der National-
Oekonomen und der mit dem Weltverkehr in Berührung tretenden Industriellen

unb Kaufleute bezeichnen die Goldwährung als die richtige Münzwährung der Gegenwart.

Die Schritte, die zu einer ernstlichen und internationalen Münzeinigung geschehen sind, sind erst von ganz jungem Datum, sie bestehen in Kundgebungen der Handelskammern, der statistischen Kongresse und Handelstage seit den ersten Weltausstellungen zu London im Jahre 1851 und zu Paris im Jahre 1855.

Bei diesen Kundgebungen wurde theils die Silberwährung mit der deutschen Mark zu ⅓ Thaler oder dem doppelt so großen österreichischen Gulden als Münzeinheit, theils die Goldwährung mit einer Goldmünze von 20 Franken oder 25 Franken, theils der volle Anschluß an das Frankensystem befürwortet. —

Um diese Frage auch in Regierungskreisen anzuregen gab Frankreich die allgemeine Pariser Weltausstellung im Jahr 1867 eine erwünschte Gelegenheit, indem es die übrigen Staaten zu Beschickung einer internationalen MünzKonferenz einlud, welche von Vertretern der Staaten des Frankensystems: Frankreich, Belgien, Italien und der Schweiz und außerdem von Delegirten von Großbritannien, Rußland, Oestreich, Preußen, Bayern, Württemberg, Baden, den Niederlanden, Schweden und Norwegen, Dänemark, Spanien, Portugal, Griechenland, der Türkei und den Vereinigten Staaten Nordamerikas besucht war und vom 17. Juni bis 6. Juli in 8 Sitzungen unter dem Vorsitze des Prinzen Napoleon die Frage einer allgemeinen Münzeinigung berieth.

Gleichzeitig mit dieser offiziellen Münz-Conferenz hielt das von der kaiserlichen Ausstellungs-Commission eingesetzte Comité für Gewichts-, Maß- und Münzwesen ebenfalls unter dem Vorsitz des Prinzen Napoleon freie Konferenzen, welche für jeden, der seine Ansicht aussprechen wollte, zugänglich waren.

Bei diesen Konferenzen wurde die allgemeine Einführung des metrischen Maß- und Gewichtssystems einstimmig gutgeheißen und es machte Michel Chevalier den schon im II. Abschnitt*) erwähnten Vorschlag, durch eine radicale Münzreform auf Grund von Goldmünzstücken, die in einem unmittelbaren und einfachen Verhältniß zur Gewichtseinheit stehen, also in ⁹⁄₁₀ feinem Gold von 5 und 10 Gramm Gewicht ausgeprägt seien, einen definitiven Abschluß der wichtigen Angelegenheit für alle Zeiten zu bieten.

Wie hinsichtlich des Maßwesens, so gilt auch hinsichtlich des Münzwesens unstreitig der Grundsatz, daß für eine internationale Münzeinigung auf Grundlage der Goldwährung, die von allen civilisirten Nationen angenommen werden und schließlich auf der ganzen Erde gelten soll, es einer wissenschaftlichen Grundlage und einer bequemen Rechnungsweise bedarf und in dieser Beziehung schließt sich der genannte Münzvorschlag vollständig und einfach an das metrische System an.

Da indessen die Abweichung der demselben entsprechenden Münzwerthe von

---

*) Seite 66.

ben vorhandenen Münzen eine so bedeutende ist, daß eine allgemeine Umprägung aller vorhandenen Münzen nothwendig wäre, fand der Vorschlag, wie es dem metrischen System bei seiner ersten Aufstellung auch erging, keinen allgemeinen Anklang, sondern es wurde entgegengehalten, daß eine vollständige Uniformität der Münzsysteme und die Gleichmachung aller auch der Theilmünzen für jetzt weder ausführbar, noch überhaupt nothwendig sei, da die Theilmünzen mehr lokale Funktionen im inneren Verkehr zu verrichten haben; dagegen sei dem Bedürfniß des internationalen Verkehrs durch gemeinschaftliche Goldmünzen hinreichend Genüge geleistet. Als Einheitsmünze wurde das in Gold ausgeprägte Fünffrankenstück bezeichnet.

Die deutsche Vereinskrone und die halbe Krone, welche 10 und 5 Gramm Feingold enthalten und 11¹/₉ und 5⁵/₉ Gramm (¹⁰⁰/₉ und ⁵⁰/₉ Gr.) schwer ausgeprägt sind, also, zwar nicht im Vollgewicht aber im Goldgehalt die einzigen metrisch = rationalen Goldmünzen sind und nur deßhalb im Welthandel unberücksichtigt geblieben waren, weil sie vereinzelt und ohne daran geknüpftes Münzsystem erschienen sind, fanden hier keine Erwähnung.

Das Resultat der Berathungen war die Empfehlung des allgemeinen Uebergangs zur Goldwährung und folgende 9 Propositionen:

1) Die erste Bedingung, welche zu erfüllen ist, besteht in der Annahme der gleichen Einheit bei Ausgabe der Goldmünzen durch die verschiedenen, bei dieser Frage betheiligten Regierungen;

2) Es ist zu wünschen, daß diese Münzen durchaus im Feingehalt von ⁹/₁₀ geprägt werden;

3) Es ist zu wünschen, daß jede Regierung unter ihren Goldmünzen wenigstens ein Stück einführe, dessen Werth demjenigen eines Stücks der andern betheiligten Staaten gleich ist, damit es unter allen Systemen einen gemeinsamen Berührungspunkt gibt. Von da fortschreitend sollte sich jede Regierung bemühen, ihr Münzsystem nach und nach demjenigen anzunähern, welches als gemeinsame Grundlage gewählt werden wird;

4) Das Goldmünzsystem, wie es gegenwärtig in Frankreich im Gebrauch und von einem großen Theil der europäischen Völker adoptirt ist, eignet sich als Grundlage des gesuchten einheitlichen*) Systems;

5) In Betracht, daß durch einen glücklichen Zufall die wichtigsten Münzeinheiten sich dem französischen Goldstück von 5 Franken anpassen lassen, würde dieses Stück das geeignetste sein, um als Grundlage des Münzsystems zu dienen und die nach diesem System geprägten Münzen würden, sobald es die Vereinbarung der betheiligten Regierungen möglich machte, das Vielfache jener Münze bilden;

6) Es ist zu wünschen, daß die verschiedenen Regierungen beschließen, daß

---

*) Siehe dasselbe Seite 58 und ff.

die Münzen, welche jeder Staat in Uebereinstimmung mit dem vorgeschlagenen und angenommenen System prägt, gesetzlichen Kurs in allen diesen Staaten haben;

7) Es wäre äußerst wünschenswerth, daß das System der Doppelwährung da wo es noch besteht verlassen würde;

8) Es wäre äußerst wünschenswerth, daß das System der Dezimaltheilung allgemein angenommen würde und daß die Münzen aller Staaten den nämlichen Feingehalt und die nämliche Form haben;

9) Es ist zu wünschen, daß die Regierungen sich darüber verständigen, ge= meinschaftliche Controlemaßregeln einzuführen, um die Integrität der Münzen, sowohl hinsichtlich ihrer Anfertigung als während ihres Umlaufs sicher zu stellen.

Noch in demselben Monat 31. Juli 1867 schloß Frankreich mit Oesterreich eine Präliminar = Konvention über Münzeinigung, in welcher als Vereinsmünze ein 1/10 seines Goldstück von 25 Franken = 10 österreichischen Gulden im Ge= wicht von 8,06431 Gramm angenommen wurde.

Diese Einheitsmünze mit ihrer Eintheilung in 10 Goldgulden ist seitdem in Deutschland von vielen Seiten empfohlen worden. Dieselbe hat allerdings sehr viel für sich; denn sie ermöglicht einen allmäligen Uebergang zur Gold= währung, schließt sich an den Thaler, den österreichischen Gulden und den Fran= ken an (1 Thaler = 1½ österreichische Gulden, 1 öster. Gulden = 2½ Franken) so daß die Umänderung im Verkehr nicht störend empfunden würde, wie der Uebergang zu einer vollständig neuen, wenn auch metrisch rationaleren Münz= einheit.

Für die Ausführung des Uebergangs zu diesem neuen Münzsystem stellt der Sekretär der Kölner Handelskammer H. Weibezahn in seiner Schrift: „Der Goldgulden als die demnächstige deutsche Rechnungs=Münze" folgende 10 Sätze auf.

1) Ein einheitliches Münzsystem für das zollvereinte Deutschland auf Basis der reinen Goldwährung und mit dezimaler Glie= derung sämmtlicher Münzstücke ist als ein unabweisbares Bedürfniß zu betrachten.

2) Dem neuen deutschen Münzsysteme ist der französische Gold= Münzfuß zu Grunde zu legen.

3) Als hauptsächlichste Währungsmünze empfiehlt sich eine, in Schrot und Korn mit dem in Frankreich neugeprägten 25=Frankenstücke vollständig übereinstimmende Goldmünze; als demnächstige Rechnungs= münze deren zehnter Theil, der Goldgulden.

4) Zur Anbahnung des Uebergangs zur Goldwährung ist als vorläu= fige Rechnungsmünze der Gulden (= 2/3 Thlr.) anzunehmen, welcher in 100 Kreuzer getheilt wird.

5) Gleichzeitig sind als Scheidemünzen 100=, 50=,*) 20= und 10=Kreu=

---

*) Vielleicht dürfte sich statt des 50=Kreuzerstücks das 40=Kreuzerstück, wegen seiner Uebereinstimmung mit dem Franken für die Praxis empfehlen, wie es auch in Oester= reich vorgeschlagen wurde.

zerstücke in Silber, 5=, 2=, 1= und ½ Kreuzerstücke in Kupfer unter Einziehung der in Nord= und Süd=Deutschland circulirenden Scheidemünzen in Umlauf zu setzen.

6) Für die Dauer des einstweiligen Fortbestehens der Silberwährung blei= ben nur die, in Gemäßheit der deutschen Münz=Conventionen ausge= prägten 2= und 1=Thalerstücke im Umlaufe. Alle sonstigen silbernen Courantmünzen der betheiligten Staaten sind dagegen mit den bisheri= gen Scheidemünzen einzuziehen.

7) Gegen die fernere Circulation von silbernen und kupfernen Münzen nicht betheiligter Staaten sind geeignete Maaßregeln zu ergreifen.

8) Das Inumlaufsetzen deutscher Goldmünzen, sei es mit schwankendem, sei es mit dauernd oder für einen gewissen Zeitabschnitt in Silber fixirtem Course, kann für die Zeit des Fortbestehens der Silberwährung nicht empfohlen werden. Dagegen erscheint es zweckmäßig, daß durch Vermittlung der deutschen Regierungen das als Deckung für die um= laufenden Noten von den Banken in Vorrath gehaltene Silber unter der Hand zu einem angemessenen Theile gegen Gold umgetauscht und letzteres in 20=, 10= und 5=Goldgulenstücke (= 50=, 25= und 12½= Goldfranken) ausgemünzt werde. Dasselbe könnte auch mit den von den Staats=Regierungen für unvorhergesehene Fälle vorräthig gehaltenen Baar=Beständen um so unbedenklicher geschehen, als letztere nur in po= litischen oder sonstigen Krisen zur Verwendung gelangen, in denen die steigende Tendenz des Tauschwerths beider Edelmetalle bei dem Golde in stärkerem Maaße hervorzutreten pflegt, als bei dem Silber.

9) Da der Conversion der in Silber eingegangenen Zahlungs=Verbindlich= keiten billiger Weise nur die, für die Gegenwart sich ergebende durchschnittliche Werth=Relation zwischen Gold und Silber zu Grunde gelegt werden kann, so hat der Vollzug des Uebergangs von der Silber= zur Goldwährung durch Einziehung der 2= und 1=Thaler= stücke gegen Ausgabe von goldenen 20=, 10= und 5=Gulenstücken (und zwar den Thaler zu 1½ Goldgulden gerechnet), so wie der bisherigen in Silber fixirten Goldmünzen deutschen Gepräges zu ihrem Cassen= course, der Goldkronen und der sonstigen Goldmünzen mit schwanken= dem Course nach ihrem Goldgehalte — dann zu beginnen, sobald nach den Nottrungen an der Berliner Börse das Werth=Verhältniß zwischen Gold und Silber dem für die Gegenwart ermittelten durchschnittlichen sich angemessen genähert haben wird.

Diesen Sätzen fügt noch der um die Aufklärung über alle Fragen des Münzwesens hochverdiente Bergrath und Münzwardein Keller zu Stuttgart, in seiner Schrift: „Die Frage der internationalen Münzeinigung und der Reform des deutschen Münzwesens" folgenden Satz bei:

„Endlich möchte es sich empfehlen, zur Ausführung aller dieser Maßregeln und damit die im Interesse der einzelnen deutschen Staaten höchst
wünschenswerthe Uebereinstimmung erzielt wird, für die Dauer des Münz-
reformgeschäfts eine permanente Münz-Kommission niederzusetzen, welche auf
den Grund der abgeschlossenen Verträge die nöthigen Anordnungen zu treffen und deren Vollzug zu überwachen hätte."

Für eine vollständige internationale Gleichheit auch der Scheidemünzen spricht
sich Teller nicht zustimmend aus, indem er bemerkt:

„Ein anderer Umstand nicht ganz ohne Bedeutung ist der, daß eine Ge-
meinschaftlichkeit in ächten Münzen auch eine solche in falschen Münzen in sich
schließt, d. h. daß jeder Staat, wenn die als gesetzliche Zahlungsmittel zugelassenen
Münzen eines andern Staats gefälscht werden, in Gefahr steht, darunter ebenso
wie der letztere oder vielleicht noch mehr zu leiden, weil das fremde weniger be-
kannte Gepräge den Umlauf von Falsifikaten begünstigt. Bei Goldmünzen, welche
jedermann wegen ihres höheren Werths näher zu prüfen gewohnt ist, trifft diese
Befürchtung weniger zu als bei Silberscheidemünzen, deren Nachahmung an sich
weniger schwierig ist, und die deutschen Staaten dürften allen Grund haben, sich
vor der weit vorgeschrittenen Falschmünzer-Industrie in gewissen Ländern, welcher
ein großes Feld eröffnet würde, in Acht zu nehmen. Ist es doch erst in der
neuesten Zeit vorgekommen, daß italienisches Bronzegeld, darunter viel gefälschtes,
obgleich dasselbe keinen gesetzlichen Cours auswärts hat, in Masse nach Frankreich und in die Schweiz importirt wurde, um dafür Gold aus diesen Ländern
herauszuziehen, so daß sich die französische Regierung veranlaßt gesehen hat, vor
der Annahme dieser Münzen öffentlich zu warnen. — Um diesen Gefahren zu
entgehen und im eigenen Interesse der schönen Sache sollte die Gemeinschaftlich-
keit im Münzwesen zunächst nicht weiter als auf die Goldmünzen, das künftige
internationale Zahlungsmittel, ausgedehnt und der reiflichsten Erfahrung überlassen werden, ob mit der Zeit auch eine Annäherung bei den Scheidemünzen
räthlich erscheint."

Neben der vorläufigen Verschiedenheit in den Scheidemünzen, welche nach
dem Vorschlag von Weibezahn ohnedem noch lange fortbestehen würde, hält Teller
für unbedingt nöthig, daß sowohl über die richtige Ausprägung der internationalen
Münzen, als auch über den Einzug der abgenützten Stücke strenge Grundsätze
und Vorschriften aufgestellt werden, wie dies seither bei den deutschen Münz-
Conventionen geschehen ist, da man den Großhandel nicht zwingen kann, einem bedeutend abgenützten Goldstück den gleichen Werth beizulegen wie einem neuen.
Ein Beispiel sorgfältiger Ueberwachung des Gewichts der coursirenden Goldmünzen gibt England, indem in der Bank auf eigenthümlichen von Cotton er-
fundenen Wiegemaschinen alle in Zahlung eingehenden Goldstücke gewogen und die
zu leichten zur Umprägung ausgeschieden werden. Die sechs in der Londoner

Bank aufgestellten Wagen vermögen täglich bis zu 60 000 Goldstücken zu wie=
gen. Eben solche Wiegungen sind an der Münze eingeführt.

Ueber die Ausführung sprach sich der Direktor der K. Münze John Herschel
vor dem Parlamentsausschuß folgendermaßen aus:

„Von den in die Münze zurückkehrenden älteren Goldmünzen hat der letzte
Inhaber den Verlust der Werthverringerung zu tragen. Und hierin liegt keine
Ungerechtigkeit. Der Verlust fällt auf die Einzelnen grade im Verhältniß zum
Belauf ihrer Transaktionen und darf als eine geringfügige Vergütung (etwa ¹/₅
oder ¹/₆ pro Mille) von ihren Baarzahlungen, als eine Abgabe für die Be=
quemlichkeit der Benützung einer Goldcirculation angesehen werden, welche sie
aber, falls sie es der Mühe werth halten, vermeiden können, wenn sie ihre Wag=
schale gebrauchen wollen.

Ich vergleiche diese Abgabe mit einem Chausseegelde, das Jedermann in
dem Verhältniß entrichtet, wie er die Straße abnützt. Niemand sieht eine Un=
gerechtigkeit darin, daß er die Abnützung seiner Kleider oder Mobilien bezahlen
muß, da er selbst sie verbraucht. Wenn Jemand bei einer Goldmünze verliert,
die nicht allein durch seinen, sondern auch durch anderer Leute Gebrauch abge=
nützt worden, so benützt er andererseits viele Goldmünzen, bei denen schließlich
der Abgang durch Abnützung nicht von ihm, sondern von Andern getragen wird;
es ist eben eine gemeinsame Consumtion. Der Detaillist wird für den Verlust,
den er durch die zu leichten Goldstücke erleidet, durch den Preis seiner Waaren
mit entschädigt, ebenso wie derjenige, welcher in seinen Geschäften jährlich viel an
Chausseegeldern zu zahlen hat, diese Auslage im Gewinn von seinen Geschäften
zurückempfängt.“

Diese national=ökonomisch so richtigen Grundsätze dürften überall Anhänger
finden und bei ihrer Ausführung durch die Münzämter aller Länder alle Be=
fürchtungen wegen einer gegenseitigen Benachtheiligung wegfallen.

Einen großen Schritt zu Ausführung der internationalen Münzeinigung
auf Grundlage des 25=Frankenstücks ist Frankreich im Begriff zu thun, indem
es nach neueren Nachrichten nach Einholung der Zustimmung der Regierungen
von Belgien, Italien und der Schweiz zur Ausprägung der 25=Frankenstücke in
Gold zu schreiten gesonnen ist, während gleichzeitig die nach dem Münzvertrag
von 1865 ausgeprägten Silbermünzen unter 5 Franken eingezogen und als
Scheidemünzen mit einem Feingehalt von 835 Tausendtheilen umgeprägt werden.

Demnach ist es wahrscheinlich, daß eine internationale Münzeinigung durch
das 25=Frankenstück in nicht zu ferner Zeit zu Stande kommen wird, was von
der größten Bedeutung ist, wenn auch die gewählte Münzeinheit nicht die metrisch
einfachste ist, sondern es einer späteren Zeit überlassen bleibt, den zweiten und
letzten Schritt zum Uebergang zu dem metrisch einfachsten Münzsystem zu thun.

Tabelle
der verschiedenen Maßordnungen.

I. Das metrische System.

Grundlage: Der Meridianquabrant = 100 Grab = 1000 Myriameter.

1 Grab = 10 Myriameter.

A. Längenmaß. Einheit: das **Meter**, der zehnmillionste Theil des Meribianquabranten.

1 My.M. = 10 K.M. = 100 H.M. = 1000 D.M. = 10000 M.

1 „ = 10 „ = 100 „ = 1000 „

1 „ = 10 „ = 100 „

1 „ = 10 „

1 „ = 10 D.M. = 100 Z/M. = 1000 M/M.

1 „ = 10 „ = 100 „

1 „ = 10 „

1 „

B. Feldmaß. Einheit: Das **Ar** oder Dekameterquabrat = 100 Meterquabrat (100 M²).

1 Myriar = 100 Hektar = 10 000 Ar. = 1 000 000 Zentiar.

1 „ = 100 „ = 10 000 „

1 „ = 100 „

1 „

Kilometerquabrat Hektometerq. Dekameterquabrat Meterquabrat.

C. Brennholz-Maß. Einheit: Das **Ster** oder der Meterwürfel (M³).

1 Deka-Ster = 10 Ster = 100 Dezi-Ster.

1 „ = 10 „

1 „

D. Hohlmaß. Einheit: Das **Liter** oder der Dezimeterwürfel (D/M³).

1 K.Lt. = 10 H.Lt. = 100 D.Lt. = 1000 Lt.

1 „ = 10 „ = 100 „

1 „ = 10 „

1 „ = 10 D/Lt. = 100 Z/Lt. = 1000 M/Lt.

1 „ = 10 „ – 100 „

1 „ = 10 „

1 „

Meterwürfel Dezimeterwürfel Zentimeterwürfel.

E. Gewichtsmaß. Einheit: Das **Gramm**, Gewicht des Zentimeterwürfels oder Milliliters Wasser.

$$
\begin{array}{l}
\text{M.Gr.}\quad\text{L.Gr.}\\
1 = 10 = 100 = 1000\\
\quad\ 1 = 10 = 100 \quad \text{H.Gr.}\ \text{D.Gr.}\ \text{Gr.}\\
\qquad\qquad 1 = 10 = 100 = 1000\\
\qquad\qquad\quad 1 = 10 = 100\\
\qquad\qquad\qquad 1 = 10 \quad \text{D.Gr.}\ 3/\text{Gr.}\ \text{M/Gr.}\\
\qquad\qquad\qquad\qquad 1 = 10 = 100 = 1000\\
\qquad\qquad\qquad\qquad\quad 1 = 10 = 100\\
\qquad\qquad\qquad\qquad\qquad 1 = 10\\
\qquad\qquad\qquad\qquad\qquad\quad 1
\end{array}
$$

(senkrechte Beschriftungen unten:) Müller-Lanze. — Calcul. metr. Centner. — Gewicht des Mütlers Wasser — Gewicht des Hektoliters Wasser — Gewicht des Dekaliters Wasser — Gewicht des D/M-Liters Wasser — Gewicht des Dezilitters Wasser — Gewicht des Zentiliters Wasser — Gewicht des 3/M.Millili-ters Wasser — Gewicht des M/Gr.Milli-ters Wasser

F. Geldmaß. Bisherige Einheit: Der Frank eine ⁹⁄₁₀ feine Silbermünze von 5 Gramm Gewicht. Gesetzlicher Goldwerth für 5 Gramm ⁹⁄₁₀ feinen
Golds = 15½ Franken.

Münzen der Doppelwährung:

			Gr. M/Gr.
Goldmünzen zu	100 Franken,	Gewicht	32.258,₀₀
	50 „	„	16.129,₀₀
	20 „	„	6.451,₆₁
	10 „	„	3.225,₈₀
	5 „	„	1.612,₉₀
Silbermünzen zu	5 „	„	25 Gr.
	2 „	„	10 „
	1 „	„	5 „
	0 Fr. 50 Ct.	„	2,₅ „
	0 „ 20 „	„	1 „
Kupfermünzen zu	— „ 10 „	„	10 „
	— „ 5 „	„	5 „
	— „ 2 „	„	2 „
	— „ 1 „	„	1 „

Neue Einheit: das 25 Frankenstück in ⁹⁄₁₀ feinem Gold von 8 Gr.
064,₈₀ M/Gr. Gewicht.

Münzen der Goldwährung: wie oben, nur statt Gr. M/Gr.
des Stücks von 20 Franken das 25 Frankenstück zu 8. 064,₈₀
von den Silbermünzen das Stück zu 5 Franken,
die übrigen Silbermünzen werden Scheibemünzen
mit Silber von 0,₈₃₅ Feinheit. Die Kupfermünzen bleiben.

G. Winkelmaß. Der rechte Winkel mit Eintheilung in 100 Grade und
bezimaler Weitertheilung. Der Meridiangrad hat dann 10 Myriameter.

H. Arbeitsmaß. Einheit: Das Meter-Kilogramm oder die Kraft, die in der Sekunde 1 Kilogramm 1 Meter hoch hebt. Die Pferdekraft $= 75$ Meter-Kilogramm.

II. Maßordnung des norddeutschen Bundes.

Grundlage: Das Meter oder der Stab, der zehnmillionste Theil des Meridianquadranten.

A. Längenmaß. Einheit: Das Meter oder der Stab.

Meile	K.M.	D.M. (Ketten)	Meter (Stab)		
1	= 7½	= 757	= 7500		
	1	= 10	= 1000		
		1	= 10	Z/M. (Neuzoll)	M/M. (Strich)
			1	= 100	= 1000
				1	= 10
					1

B. Flächenmaß. Einheit: Das Quadratmeter oder der Quadratstab.

1 Hektar = 100 Ar = 10,000 Quadratmeter (Quadratstab)
       1 „ = 100 „ „

C. Körpermaß. Einheit: Das Kubikmeter oder der Kubikstab.

D. Hohlmaß. Einheit: Das Liter oder die Kanne $=$ ¹/₁₀₀₀ Kubikmeter.

Für Getreide: 1 Hektoliter = 2 Neuscheffel = 100 Liter (Kannen)
             1 „ = 50 „ „
                  1 „ „
Für Flüssigkeiten: 1 Hektoliter (Faß) = 100 Liter (Kannen)
                  1 „ „

E. Gewichtsmaß. Einheit: Das Kilogramm.

1 Tonne = 20 Centr. = 1000 K.Gr. = 2000 Pfund
       1 „ = 50 „ = 100 „
             1 „ = 2 „ = 100 D.Gr. (Neuloth) = 1000 Gramm
                  1 „ = 50 „ „ = 500 „
                      1 „ „ = 10 „
                          1 „

1 Gramm = 10 Dezigramm = 100 Zentigramm = 1000 Milligramm
       1 D.Gr. = 10 „ = 100 „
            1 Z.Gr. = 10 „
                  1 M/Gr.

Münzgewicht. Einheit: Das Pfund zu 500 Gramm mit Eintheilung in 1000 Tausendtheile also Halbgramme.

Diese Maßordnung ist vom Jahr 1870 an gesetzlich zugelassen und vom Jahr 1872 an allein giltig in den Staaten des norddeutschen Bundes, also nördlich vom Main.

III. Die alten Maßordnungen in Europa.*)

1. Anhalt-Dessau und Köthen. Herzogthum mit 197041 Ew. zum norddeutschen Bund gehörig. Hauptstadt Dessau mit 16000 Ew. Neue Maße wie der norddeutsche Bund.

Bisherige Maße wie Preußen.

Außerdem: 1 Köthener Elle = 636 M.M.

1 Köthener Scheffel = 57,13 Liter.

2. Baden. Großherzogthum mit 1434970 Ew. Hauptstadt Karlsruhe mit 32000 Ew.

A. Längenmaße. Einheit: Der badische Fuß = 300 M.M.

Wegmaß:

1 Aeq.-Grad=12½ Meil.= 25 Wegstd.=370 370,37 Fuß=15 geogr. Meil.=111 11,1 Meter

1 „ = 2 „ = 29 629,63 . „ = 1,2 „ „ = 8 888,8 „

1 „ = 14 814,823 „ = 0,6 „ „ = 4 444,1 „

Geometrisches Maß, Bergmaß, Werkmaß:

1 Ruthe = 10 Fuß = 100 Zoll = 1000 Linien = 3 Meter

1 „ = 10 „ = 100 „ =300 M.M.

1 „ = 10 „ = 30 „

1 „ = 3 „

Gewebemaß: 1 Elle = 2 Fuß = 600 M.M.

B. Flächenmaß. Einheit: Der Quadratfuß = 0,09 M².

Feldmaß. Einheit: Die Quadratruthe = 100 Q.-F. = 9 M².

1 Morgen = 4 Viertel = 400 Quadratruthen = 36 Ar.

1 „ = 100 „ = 9 „

1 „ = 9 Zentiar.

C. Körpermaße. Einheit: Der Kubikfuß = 0,027 M³.

Brennholzmaß. Einheit: Das Klafter 6' hoch und 6' breit, Scheitlänge 4' = 144 Kubikfuß = 3,888 M³.

1 Klafter = 4 Viertel = 3,888 Ster

1 „ = 0,927 „

D. Hohlmaße. Einheit:

Für sackfähige Dinge: Das Meßlein }
Für Flüssigkeiten: Die Maß } = 1/18 Kubikfuß = 1½ Liter.

Maße für { sackfähige Dinge:
{ Flüßigkeiten:

1 { Zuber=10 { Malter=100 { Sester=1000 { Meßlein=10000 { Becher=15 Hektoliter
{ Fuder } Ohm } Stützen } Maß } Glas

1 { Malter = 10 { Sester = 100 { Meßlein= 1000 { Becher=15 Liter
{ Ohm } Stützen } Maß } Glas

1 { Sester = 10 { Meßlein= 100 { Becher=15 Liter
{ Stützen } Maß } Glas

1 { Meßlein= 10 { Becher=1,3 Liter
{ Maß } Glas

1 { Becher=15 Zentiliter
{ Glas

*) Die Einwohnerzahlen sind der neuesten Auflage (1869) der Statistischen Tafel von Dr. Otto Hübner entnommen.

außerbem: 1 Maß = 4 Schoppen = 1,5 Liter

       1 „ = 0,375 „

E. Gewichtsmaß. Einheit: Das Pfund des Zollvereins = 500 Gramm.

1 Ctr.=10 Stein=100 Pfb. . . . . == 50 K.Gr.

  1 „ = 10 „ . . . . = 5 „

    1 „ =10 Zehnlinge=100 Zentaß =1000 Detaß =10000 Aß =500 Gr.

      1 „ = 10 „ = 100 „ = 1000 „= 50 „

        1 „ = 10 „ == 100 „ = 5 „

          1 „ = 10 „ =500 M/Gr.

            1 „ = 50 „

Für den Verkehr:

Pfund	Mark	Vierlinge	Unzen	Loth						Stichtheilen
1 =	2 =	4 =	16 =	32						= 131 072
	1 =	2 =	8 =	16						= 65 536
		1 =	4 =	8						= 32 768
			1 =	2						= 8 192

					Ltch.	Pfennige	Karat	Gramm	
				1 = 4 =	16 =	64 =	256		= 4096
				1 =	4 =	16 =	64		= 1024
					1 =	4 =	16		= 256
						1 =	4 = 16 Gränch.		= 64
							1 = 4 „		= 16
								1 „	= 4
									1

Gr.	Gr.	Gr.	Gr.	Gr.	Gr.	M Gr.	M/Gr.	M/Gr.	M/Gr.	M Gr.
500	250	125	31,250	15,625	3,906	976,56	244,14	61,04	15,26	3,91

Medizinal-Gewicht seit 1854: Einheit = 3/4 Pfund Handelsgewicht = 375 Gramm.

1 Pfund = 12 Unzen = 96 Drachmen = 288 Skrupel = 5760 Gr. = 375 Gr.

    1 „ = 8 „ = 24 „ = 480 „ = 31 „ 250,00 M/Gr.

      1 „ = 3 „ = 60 „ = 3 „ 916,25 „

        1 „ = 20 „ = 1 „ 305,42 „

          1 „ = 0 „ 65,27 „

Juwelengewicht: Das Amsterdamer Karat = 205,894 M Gr. mit Eintheilung in 1/2, 1/4, 1/8 bis 1/64.

F. Geldmaß. Münzfuß: Der Dreißigthalerfuß, 30 Thaler 9/10 fein aus dem Zollpfund Feinsilber. Gewicht des Thalers = 18,560 Gramm Werth = 3 frcs. 75 Cts.

Der 52 1/2-Guldenfuß, 52 1/2 Gulden 9/10 fein aus dem Zollpfund Feinsilber. Gewicht des Guldens = 10,608 Gr. Derselbe ist eingetheilt in 60 Kreuzer zu 4 Pfennigen. Werth = 2 Fcs. 14 Cts.

Die Vereins-Goldmünzen: Kronen und halbe Kronen, 100 und 50 Stück 9/10 fein auf ein Pfund Feingold sind bis jetzt nicht geprägt worden.

3. Bayern. Königreich mit 4 824 421 Ew. Hauptstadt München mit 170 000 Ew.

A. Längenmaß. Einheit: Der bayrische Fuß = 291,86 M.M.

Wegmaß:

Die geographische Meile = 25 421,₆ bayr. Fuß = 7 419,₅₂₃ Meter.

1 bayr. Meile = 2 bayr. Poſtſtunden = 25406 bayr. Fuß = 7414,₉₇₀ Meter

$\qquad$ 1 „ „ = 12703 „ „ = 3707,₄₈₅ „

Geometriſches Maß:

1 Feldruthe = 10 Fuß = 100 Zoll = 1000 Linien = 2,₉₁₆₄ Meter

Werkmaß:

1 Werkruthe = 12 Werkfuß = 144 Werkzoll = 1728 Werklinien = 3,₅₀₂₃ Meter

$\qquad$ 1 „ = 12 „ = 144 „ = 291,₈₆ M.M.

$\qquad$ 1 „ = 12 „ = 24,₃₂ „

$\qquad$ 1 „ = 2,₀₂ „

Bergmaß: 1 Lachter wie in Freiberg.

$\qquad$ Gewebemaß: 1 Elle = 2⁴¹/₄₈ Fuß = 833 M/M. .

B. Flächenmaß. Einheit: Der bayriſche Quadratfuß = 0,₀₈₅₁₈₁₈ M².

Feldmaß. Einheit: Die bayriſche Quadratruthe = 8,₅₁₈₁₈₀ M².

1 ⌠ **Tagwerk**
$\;$ ⎰ **Morgen** = 100 Dezimalen = 400 Quadratruthen = 34,₀₇₂₇₂₈ Ar.
$\;$ ⎱ **Juchart** 1 „ = 4 „ = 34,₀₇ Zentiar

$\qquad$ mit Untertheilung in Zehntel- und

$\qquad$ Hundertſtel-Dezimalen.

C. Körpermaß. Einheit: Der Kubikfuß = 0,₀₂₄₈₈₁₀₉ M³.

Holzmaß. Einheit: Das Klafter 6 Fuß hoch und 6 Fuß breit, Scheit-länge 3½ Fuß = 126 C¹ = 3,₁₃₂₅ M³.

$\qquad$ 1 Klafter = 4 Viertel = 3,₁₃₂ Ster

$\qquad$ 1 „ = 0,₇₇₃ „

Für Rheinbayern iſt die Scheitlänge 4 Fuß, das Klafter = 144 C¹ = 3,₅₈ Ster.

D. Hohlmaß. Für Getreide:

1 ⌠ **Schäffel**
$\;$ ⎱ **Schaff** = 6 Metzen = 12 Viertel = 48 Maßel 192 Dreißige = 222,₃₅₇ Liter

$\qquad$ 1 „ = 2 „ = 8 „ 32 „ = 37,₀₅₉ „

$\qquad$ 1 „ = 4 „ 16 „ = 9,₂₆₅ „

$\qquad$ 1 „ 4 „ = 2,₃₁₆ „

Für Kalk:

$\qquad$ 1 Muth = 4 Schäffel = 24 Metzen = 839,₄₁₆ Liter

Für Flüſſigkeiten:

1 Schenkeimer = 60 **Schenkmaß Maßkannen** = 120 Seibel = 240 Quartel = 64,₁₄₁₈ Liter

$\qquad$ 1 „ = 2 „ = 4 „ = 1,₀₆₉₃₃ „

außerdem für Bier:

1 Faß Bier = 24 Bier Eimer = 1536 Maß = 3072 Seibel = 16,₄₂ Hektoliter

$\qquad$ 1 ⌠ **Bier Eimer**
$\qquad\;$ ⎱ **Viſtr Eimer** = 64 „ = 128 „ = 68,₄₁₇₉₂ Liter

$\qquad$ 1 „ = 2 „ = 1,₀₆₉₀₃ „

$\qquad$ 1 „ = 0,₅₃₄ „ .

E. Gewichtsmaß. Einheit: Das bayrische Pfund = 560 Gramm

1 Zentner = 100 Pfund . . . . . = 56 Kilogramm

1 „ = 32 Loth = 128 Quent = 560 Gramm

1 „ = 4 „ = 17,5 „

1 „ = 4,38 „

außerdem für Münzwesen:

1 Pfund = 1000 Tausendtheilen = 500 Gramm

1 „ = 0,5 „

Medizinal-Gewicht:

1 Pfund 12 Unzen = 96 Drachmen = 288 Strupel = 576 Gran = 360 Gramm

1 Unze = 8 „ = 24 „ = 480 „ = 30 „

1 „ = 3 „ = 60 „ = 3,75 Gramm

1 „ = 20 „ = 1,25 „

1 „ = 0,625 „

Anm. Für Rheinbayern gelten theils die metrischen, theils die 1812 darauf gegründeten metrischen Uebergangsmaße.

Für Juwelen: Das Amsterdamer Karat = 205,844 M/Gr.

F. Geldmaße wie in Baden und Württemberg.

Goldene Kronen und halbe Kronen in geringer Anzahl geprägt.

4. Belgien. Königreich mit 4984451 Einwohnern. Hauptstadt Brüssel mit 189000 Einwohnern.

Maß-, Gewicht- und Münzsystem metrisch.

5. Braunschweig. Herzogthum mit 303401 Einwohnern zum norddeutschen Bund gehörig. Hauptstadt Braunschweig mit 50000 Einwohnern.

Neue Maße: wie der norddeutsche Bund.

Bisherige Maße: seit 1838.

A. Längenmaß. Einheit: Der braunschweiger Fuß = 285,862 M/M.

Wegmaß: Die braunschweiger Meile = 1625 Ruthen = 7419,423 Meter

Geometrisches Maß: 1 „ = 4,568799 „

mit Eintheilung in Zehntel und Hundertstel.

Werkmaß: 1 Ruthe = 16 Fuß = 192 Zoll = 2264 Linien = 4,566 Meter

1 „ = 12 „ = 144 „ = 285,4 M/M.

1 „ = 12 „ = 23,8 „

Bergmaß: 1 „ = 1,9 „

1 Lachter = 8 Spann = 80 Lachterzoll = 800 Primen = 1,9193 Meter

(978½‴) 1 „ = 10 „ = 100 „ = 0,2399 „

1 „ = 10 „ = 23,99 M/M.

Gewebemaß: 1 Elle = 2 Fuß = 570,7 M/M.

B. Flächenmaß. Einheit: Die braunschw. Quadratruthe = 20,84652 M²

und Der braunschw. Quadratfuß = 0,08145171 M²

Feldmaß: 1 Feldmorgen = 120 Quadratruthen = 25,01562 Ar

Waldmaß: 1 Waldmorgen = 160 „ = 32,35414 „

C. Körpermaß. Einheit: Der braunschw. Kubikfuß = 0,02323765 M³.

Holzmaß: Der Malter . . . = 80 Kubikfuß = 1,859 Ster

Holzkohlenmaß: Die Karre . . = 100 „ = 2,321 „

Erzmaß: . . . . . . = 2 Kubikfuß = 0,046 Ster
Stein-, Sand-, Erdmaß und Schachtruthe = 256 „ = 5,949 „

D. **Hohlmaß.** Für Getreide:
1 Wispel = 40 Himten = 160 Vierfaß = 640 Metzen = 124,5791 Liter
   1 „ = 4 „ = 16 „ = 31,1438 „
(2316 C'') 1 „ = 4 „ = 7,7862 „
     1 „ = 1,9465 „

Für Flüssigkeiten:
1 Oxhoft = 1½ Ohm = 6 Anker = 240 Quartier = 224,8425 Liter
  1 „ = 4 „ = 160 „ = 149,8950 „
   1 „ — 40 „ = 37,4737 „
    1 „ = 0,9368 „

E. **Gewichtsmaß.** Einheit: Das Pfund des Zollvereins = 500 Gramm.
Eintheilung des Pfunds bezimal:
1 Pfund = 10 Neuloth = 100 Quent = 1000 Halbgramm
500 Gr.   50 Gr.   5 Gr.   0,5 Gr.
Münzgewicht, Medizinalgewicht, Juwelengewicht wie in Preußen.

F. **Geldmaß** wie in Sachsen, Dreißigthalerfuß:
1 Thaler = 30 Groschen zu 10 Pfenigen.

6. **Bremen.** Freie Stadt zum norbb. Bund gehörig mit 109 572 Ew.
Neue Maße wie der norbbeutsche Bund.
Bisherige Maße:

A. **Längenmaß.** Einheit: Der bremer Fuß = 289,3367 M.M.

Wegmaß: Die geogr. Meile = 7420,158 Meter.

Geometrisches Maß: Die Ruthe = 16 Fuß = 4,6296 Meter.
(auch zu 18 und 20 Fuß).

Wertmaß: 1 Fuß = 12 Zoll = 144 Linien = 289,4 M/M.
   1 „ = 12 „ = 24,1 „
    1 „ = 2,0 „

Gewebemaß: 1 Elle = 2 Fuß = 578,8 M.M.

B. **Flächenmaß.** Einheit: Der Quadratfuß = 0,0837258 M².

Feldmaß: Die Quadratruthe = 21,4338 M² mit Eintheilung in 100
Quadratfuße.

C. **Körpermaß.** Einheit: Der Kubikfuß = 0,0242255.

Holzmaß. Einheit: Der Faden 6 Fuß hoch und 6 Fuß breit, Scheitlänge 2 Fuß.
1 Faden = 72 C' = 1,7442 Ster.
außerdem: Das Reep: ein Haufen von 17½ Fuß Umfang, Scheitlänge
4½ Fuß.
1 Reep = 2,45 Ster.

D. Hohlmaß. Für Getreide:

1 Laſt = 40 Scheffel = 160 Viertel = 640 Spint = 29,6276 Hektoliter
 1 „ = 4 „ = 16 „ = 74,069 Liter
  1 „ = 4 „ = 18,517 „
   1 „ = 4,629 „

Für Flüſſigkeiten:

Für Wein und Branntwein:

1 Oxhoft = 1½ Ohm = 6 Anker = 30 Viertel = 67½ Stübchen = 270 Quart = 1080 Mengel
 1 „ = 4 „ = 20 „ = 45 . „ = 180 „ = 720 „
  1 „ = 5 „ = 11¼ „ = 45 „ = 180 „
   1 „ = 2¼ „ = 9 „ = 36 „
    1 „ = 4 „ = 16 „
     1 „ = 4 „
      1 „

217,44 Lt. 144,96 Lt. 36,24 Lt. 7,24 Lt. 3,22144 Lt. 0,80536 Lt. 0,20131 Lt.

Für Bier:

1 Tonne = 45 Stübchen = 180 Quart = 720 Mengel = 169,7193 Liter
 1 „ = 4 „ = 16 „ = 3,77151 „
  1 „ = 4 „ = 0,94288 „
   1 „ = 0,23572 „

E. Gewichtsmaß. Einheit: Das Pfund des Zollvereins = 500 Gramm. Eintheilung Dezimal wie in Braunſchweig.

außerdem: 1 Laſt Roggen . . . . = 43 Ctr. des Zollvereins
 1 „ Waizen . . . . = 45 „ „ „
 1 „ Gerſt . . . . = 37 „ „ „
 1 „ Hafer . . . . = 26 „ „ „
 1 Tonne Thran oder Oel = 216 Pfund „

Münzgewicht: Das Pfund = 1000 Tauſendtheilen.

Medizinal-Gewicht:

1 Unze = 8 Drachmen = 24 Skrupel = 480 Grän = 30 Gr.
6 Quint 1 „ = 3 „ = 60 „ = 3,75 Gr.
 1 „ = 20 „ = 1,25 Gr.
  1 „ = 62,5 M/Gr.

Münzfuß: Die Thalergoldwährung, 420 Stück auf das Zollpfund Fein-gold, nicht wirklich geprägt.

Goldmünzen: Piſtolen zu 5 Thalern.

Rechnungsmünze: Der Thaler = 72 Groote = 360 Schwaren = 4 Fr. 10 Ct.

Silbermünzen zu 36, 12, 6 und 1 Groot.

Kupfermünzen zu 2½ und 1 Schwaren.

7. Dänemark. Königreich mit 1 717 802 Ew. Hauptſtadt Kopenhagen mit 156 000 Ew.

Maße beinahe durchaus wie Preußen. Außerdem: 1 däniſche Elle = 627,7 M.M.

8. England. Königreich Großbritanien mit 30 157 473 Ew. Hauptstadt London mit 3 170 000 Einwohner.

Das metrische Maß= und Gewichtssystem ist gesetzlich zugelassen. Daneben sind noch giltig die bisherigen Maße.

A. Längenmaß. Grundlage: das Sekundenpendel auf dem Meeresspiegel in der Breite von London (seit 1821) als Yard bezeichnet = 0,914888 Meter.

Wegmaße und Geometrisches Maß:

1 brit. Meile = 8 Furlongs = 80 Kett. = 320 Ruth. = 1760 Yards = 5280 Fuß = 1609,315 M.
 1 „ = 10 „ = 40 „ = 220 „ = 660 „ = 201,164 „
  1 „ = 4 „ = 22 „ = 66 „ = 20,1164 „
   1 „ = 5½ „ = 16½ „ = 5,02910 „
    1 „ = 3 „ = 0,91438 „
     1 „ = 0,30479 „

Für Seewesen: 1 Faden = 2 Yards = 1,829 Meter.

Die league = 3 Seemeilen = 1/20 Aequatorgrad = 18255 Fuß = 5564 Meter
 1 „ = 1/60 „ = 6085 „ = 1854,96 „

Werkmaß:

1 Fuß = 12 Zoll = 144 Linien = 1728 Punkte = 304,7945 M/M.
 1 „ = 12 „ = 144 „ = 25,3995 „
  1 „ = 12 „ = 2,1166 „
   1 „ = 0,176 „

Gewebemaß: Das Yard = 914,8 M/M.

außerdem: die Londoner Meile = 1523,97 Meter.

Der Feldmesserschritt = 5 Fuß = 1,524 Meter.
Die Holzlandruthe = 6 Yards = 5,486 „
Die Waldruthe = 7 „ = 6,4 „

B. Flächenmaß. Grundlage: Das Quadratyard = 0,8360975 M².
folglich: Der Quadratfuß = 0,0929000 M²
und Die Quadratruthe = 25,29194 M².

Feldmaß: 1 englische Quadratmeile = 640 Acker = 258,9994 Hektar.

1 Acker = 10 Qbr.-Kett. = 160 Qbr.-Ruth. = 4840 Qbr.-Yards = 43560 Qbr.-Fuß = 40,4671 Ar.
 1 „ = 16 „ = 484 „ = 4356 „ = 4,05 Ar.

außerdem:

Eine Hufe Land (yard of land) = 30 Acker = 1,2140 Hektar.
Eine Hut Land (Hide of land) = 100 „ = 48,4671 „

C. Körpermaß. Einheit: Das Kubikyard = 0,76451842 M³.

Holzmaß: Klafterholz (Cord wood) = 126 Kubikfuß = 3,56773 Ster
und 128 „ = 3,62435 „

D. Hohlmaß. Einheit: 1 Gallon = 4,543448 Liter.
(277,274 C").

Große Maße für Getreide:

Chalbron	Quarters	Cumbs	Sacks	Bushels	Pecks	Gallons	
1 =	4½ =	9 =	12 =	36 =	144 =	288	= 13,0851
	1 =	2 =	2⅓ =	8 =	32 =	64	= 2,9078
		1 =	1⅓ =	4 =	16 =	32	= 1,4539
			1 =	3 =	12 =	24	= 1,0904
				1 =	4 =	8	= 36,3476 Liter
					1 =	2	= 9,0869 „
						1	= 4,3415 „

Große Maße für Flüssigkeiten:

Tun	Pipes oder Butts	Puncheons	Hogsheads	Tierces	Runblets	Gallons	
1 =	2 =	3 =	4 =	6 =	14 =	252	= 11,4415 H.Lit.
	1 =	1½ =	2 =	3 =	7 =	126	= 3,7247
		1 =	1⅓ =	2 =	4⅔ =	84	= 3,8165
			1 =	1½ =	3½ =	63	= 2,8621
	(Oxhoft)		1 =	2⅓ =	42		= 1,9082
				1 =	18		= 0,8179
					1		= 4,3415 Liter

außerdem für Bier: 1 Hogshead = 54 Gallons = 2,4585 Hektoliter.

Kleine Maße für Getreibe und Flüssigkeiten:

1 Gallon =	2 Puttles =	4 Quarts =	8 Pints =	32 Gills	= 4,54 Liter
1 „ =	2 „ =	4 „ =	16 „		= 2,27 „
1 „ =	2 „ =	8 „			= 1,14 „
1 „ =	4 „				= 0,57 „
1 „					= 0,28 „

E. **Gewichtsmaß.** 1) Das Troy-Gewicht für eble Metalle, Münzen und Medizinalwesen 1 Pfund = 373,24 Gramm.

1 Troy-Pound =	12 Ounces =	240 Pennyweights =	5760 Grains	= 373,242 Gr.
1 „ =	20 „	= 480 „		= 31,103
1 „	= 24 „			= 1,555
1 „				= 0,056

Die Untertheilung des Grain in 20 Mites zu 24 Doits zu 20 Periots zu 24 Blanks kommt selten in Anwendung.

Für Medizinalwesen wird die Unze in 8 Drachmen zu 3 Skrupeln getheilt.

Für Probirwesen wird das Pfund für Gold in 24 Karat zu 4 Grän zu 4 Quarts und für Silber in 12 Unzen zu 20 Pfenniggewicht getheilt

Für Perlenwiegung wird das Penny-weight in 30 Grän getheilt.

Für Edelsteine dient der Karat zu 205,3 Milligramm mit Eintheilung in 4 Grän oder ½, ¼, ⅛, 1/16, 1/32, 1/64.

2) Das Avoir du poids Gewicht für den Handel. 1 Pfund = 453,599 Gramm.

8

Ton (Zentner)	Hundredweights	Quarters (Steine)	Stones (Pfunde)	Pounds (Unzen)	Ounces (Drachmen)	Drames		
1	20	80	160	2240	—	—	= 1016,05	Kilogr.
	1	4	8	112	—	—	= 50,802	„
		1	2	28	—	—	= 12,701	„
			1	14	—	—	= 0,907	„
				1	16	256	= 453,393	Gramm
					1	16	= 28,350	„
						1	= 1,772	„

außerdem:

Die Schiffs=Tonne zu 2000 Pfund = 907,186 Kilogr. und 42 Kubik=fuß = 1,189 M^3 angenommen.

F. Geldmaß: Das Pfund Sterling in Gold.

1 Pfund Sterling (Sovereing) ist 0,916 fein und wiegt 7,988 Gramm. Werth 25 Fcs. 12 Ct. 1 Pfund = 20 Schilling zu 12 Pence zu 4 Farthings.

9. Frankfurt a/M. seit 1866 zu Preußen gehörige vormalige freie Reichsstadt sammt dem früheren Gebiet mit 90000 Ew.

Neue Maße wie der norddeutsche Bund.

Bisherige Maße:

A. Längenmaß. Einheit: Der Frankfurter Fuß = 284,6 M/M.

Wald= und Feldmaß: Die Waldruthe = 15,349 Fuß = 4,5186 Meter mit bezimaler
Die Feldruthe = 12½ „ = 3,5576 „ Theilung.

Werkmaß: 1 Fuß = 12 Zoll = 12 Linien = 284,6 M/M.
1 „ = 12 „ = 23,7 „
1 „ = 1,9 „

Gewebemaß: Die Frankfurter Elle = 547,8 M/M.
Die brabanter Elle = 689,2 „
Der Stab . . . = 1182 „

B. Flächenmaß. Einheit: Der Quadrat=Werkfuß = 0,080997 M^2
Die Quadrat=Feldruthe = 12,655775 M^2
Feldmaß: Die Quadrat=Waldruthe = 20,3183 M^2

1 Hube (Hufe) Land = 30 Morgen = 120 Viertel = 4800 Qdr.=Feldruthen = 6,07 Hektar
1 „ = 4 „ = 160 „ „ = 20,25 Ar
1 „ = 40 „ „ = 5,07 „
1 „ „ = 12,6 Zentiar

Waldmaß: 1 Waldmorgen = 4 Viertel = 160 Quadr.=Waldruthen = 32,18 Ar
1 „ = 40 „ „ = 8,12 Ar
1 „ „ = 20,31 Zentiar

C. Körpermaß. Einheit: Der Kubik=Werkfuß = 0,023037 M^3.

Werkmaß: Kubische Ruthe der Maurer und Pflasterer:
12' lang 13' hoch 2' dick = 312 Kubikfuß = 7,1933 M^3.

Kubische Ruthe für Pflaster= und Chausseesteine:
12' lang 6' breit, 4' hoch = 288 Kubikfuß = 6,6389 M^3.

Holzmaß: Der Stecken 3′ 6″ 6‴ hoch und breit, Scheitlänge 3′ = 37,803 Kubikfuß = 0,873 Ster.

Das Waldklafter = 6′ hoch 6′ breit, Scheitlänge 3′ = 126 Kubikfuß = 2,904 Ster.

Das Besoldungsklafter = 6½′ hoch 6′ breit, Scheitlänge 4′ = 156 Kubikfuß = 3,866 Ster.

D. Hohlmaß. Einheit: 1 { Aichmaß / Geschcid } = 1,7929 Liter.

Für Getreide:

1 Malter = 4 Simmer = 16 Sechster = 64 Geschcid = 114,729 Liter

    1 „ = 4 „ = 16 „ = 28,682 „

       1 „ = 4 „ = 7,170 „

          1 „ = 1,79 „

Für Flüssigkeiten:

1 Ohm = 20 Viertel = 80 Aichmaß = 320 Schoppen = 28,682 Liter

    1 „ = 4 „ = 16 „ = 7,170 „

       1 „ = 4 „ = 1,7926 „

          1 „ = 0,450 „

E. Gewichtsmaß. Einheit: das Pfund des Zollvereins = 500 Gramm.

Eintheilung wie in Württemberg in 32 Lothe zu 4 Quint zu 4 Richtpfennigen.

Medizinalgewicht: wie in Preußen.

Juwelengewicht: Amsterdamer Karat = 205,804 Milligramm.

F. Geldmaß: Der süddeutsche Gulden zu 60 Kreuzer.

10. Frankreich. Kaiserreich mit 38 Millionen Ew. (in Europa). Hauptstadt Paris mit 1 950 000 Ew.

Neue Maße: Seit 1840 das reine metrische System.

11. Griechenland. Königreich mit 1 348 522 Ew. Hauptstadt Athen mit 45 000 Ew.

Neue Maße: Seit 1836 das metrische System mit eigenthümlichen Bezeichnungen.

12. Hamburg. Freie Stadt zum norddeutschen Bund gehörig hat sammt Gebiet 305 196 Ew. Hamburg selbst 222 000 Ew.

Neue Maße wie der norddeutsche Bund.

Bisherige Maße seit 1858.

A. Längenmaß. Einheit: Der Hamburger Fuß = 286,67 M.M.

Wegmaß: Die Meile wie in Preußen = 7432,486 Meter.

    1 Marschruthe = 14′ = 4,01 Meter

    1 Geestruthe = 16′ = 4,58 „

    1 Klafter = 6′ = 1,72 „

Werkmaß: 1 Fuß = 3 Palmen = 12 Zoll = 286,4 M/M.
1 „ = 4 „ = 95,5 „
1 „ = 23,9 „
Gewebemaß: Kurze Elle. 1 hamb. Elle = 2 Fuß = 573,1 M/M.
Lange Elle. 1 brab. Elle . . . = 695 „

B. Flächenmaß.

Einheiten: Der Quadratfuß . . . = 0,082123 M^2
Die Quadrat-Marschruthe = 16,0962 M^2
Die Quadrat-Geestruthe = 21,0235 M^2

Feldmaß: 1 Morgen Marschland = 600 Quadrat-Marschruthen = 96,577 Ar.
1 Scheffel Saatland = 200 Quadrat-Geestruthen = 42,047 Ar.

C. Körpermaß.

Einheit: Der hamb. Kubikfuß = 0,023543 M^3.
Holzmaß: Der Faden 6⅔ Fuß hoch und breit, 2' Scheitlänge = 2,0997 Ster.

D. Hohlmaß.

Einheiten: Der Himten = 27,48 Liter.
Das Stübchen = 3,6227 „

Für Getreide:
1 Last = 3 Wispel = 30 Scheffel = 60 Faß = 120 Himten = 480 Spint = 32,97 Hektoliter
1 „ = 10 „ = 20 „ = 40 „ = 160 „ = 10,99 „
1 „ = 2 „ = 4 „ = 16 „ = 1,10 „
1 „ = 2 „ = 8 „ = 54,96 Liter
1 „ = 4 „ = 27,48 „
1 „ = 6,87 „

Für Flüssigkeiten:
1 Fuder = 6 Ohm = 24 Anker = 30 Eimer = 120 Viertel = 240 Stübchen = 8,69 Hektoliter
1 „ = 4 „ = 5 „ = 20 „ = 40 „ = 144,91 Liter
1 „ = 1¼ „ = 5 „ = 10 „ = 36,23 „
1 „ = 4 „ = 8 „ = 28,48 „
1 „ = 2 „ = 7,25 „
1 „ = 3,62 „
1 Stübchen = 2 Kannen = 4 Quart = 8 Oessel = 3,61 „
1 „ = 2 „ = 4 „ = 1,81 „
1 „ = 2 „ = 0,90 „
1 „ = 0,45 „

E. Gewichtsmaß.

Einheit: Das Pfund des Zollvereins = 500 Gramm.
Eintheilung zehntheilig in 10 Neuloth zu 10 Quint zu 10 Halbgramm.
Medizinal-Gewicht: wie in Bayern das Pfund zu 360 Gramm.
Juwelen- und Perlengewicht: Das holländische Karat = 205,894 Milligramm.

F. Geldmaß.

Der Dreißig-Thalerfuß mit besonderer Theilung.
1 Thaler = 2½ Mark Courant = 40 Schillingen zu 12 Pfennigen.

13. Hannover. Seit 1866 zu Preußen gehörig mit 1 937 637 Ew.
Neue Maße wie der norddeutsche Bund.

Bisherige Maße seit 1836.

A. Längenmaß. Einheit: Der hannov. Fuß = 292,0947 M/M.
Wegmaß: Die Meile = 7419,206 Meter.
Geometrisches Maß: Die Ruthe = 16 Fuß = 4,673516 Meter, für Feldmessung dezimal getheilt.

Die Klafter = 6 Fuß = 1,753 Meter.
Das Lachter = 78,082 Zoll = 1,899 „
Werkmaß: 1 Fuß = 12 Zoll = 144 Linien = 292,09 M/M.
1 „ = 12 „ = 24,34 „
1 „ = 2,03 „
Gewebemaß: 1 Elle = 2 Fuß = 584,2 M/M.

B. Flächenmaß. Einheit: Der hannov. Quadratfuß = 0,08531933 M²
Die hannov. Quadratruthe = 21,84145 M²
Feldmaß: 1 Morgen = 120 Quadratruthen = 26,21 Ar.

C. Körpermaß. Einheit: Der hannov. Kubikfuß = 0,02492133 M³.
Holzmaß: Die hannover'sche Klafter = 144 C' = 3,589 Ster.
Das hannover'sche Malter = 80 C' = 1,994 „

D. Hohlmaß. Einheiten:
1 Himten = 31,1517 Liter
1 Stübchen = 3,8940 „

Für Getreide:
1 Last = 16 Malter = 96 Himten = 384 Metzen = 29,91 Hektoliter
1 „ = 6 „ = 24 „ = 186,91 Liter
1 „ = 4 „ = 31,15 „
1 „ = 7,79 „
außerdem: 1 Wispel = 40 Himten = 12,46 Hektoliter.

Für Flüssigkeiten:
1 Fuder = 4 Oxhoft = 6 Ohm = 24 Anker = 240 Stübchen = 9,3453 Hektoliter
1 „ = 1½ „ = 6 „ = 60 „ = 233,44 Liter
1 „ = 4 „ = 40 „ = 155,76 „
1 „ = 10 „ = 38,94 „
1 „ = 3,89 „
1 Stübchen = 2 Kannen = 4 Quartier = 8 Rösel = 3,89 „
1 „ = 2 „ = 4 „ = 1,94 „
1 „ = 2 „ = 0,97 „
1 „ = 0,48 „
außerdem für Bier:
1 Gebräude = 43 Faß zu 52 Stübchen.

E. Gewichtsmaß. Einheit: Das Pfund des Zollvereins = 500 Gramm mit dezimaler Eintheilung in 10 Neuloth zu 10 Quint zu 10 Halbgramm.
Medizinal-Gewicht wie in Bayern.

F. Geldmaß. Der 30 Thalerfuß mit Eintheilung in 30 Groschen zu 10 Pfennigen wie in Sachsen.

14. Hessen. Großherzogthum mit 823 138 Ew., theilweise zum norb-
beutschen Bund gehörig. Hauptstadt Darmstadt mit 31 000 Ew.
Neue Maße: die des norbbeutschen Bundes.
Bisherige Maße seit 1821.

A. Längenmaß. Einheit: Der Zoll = 25 Millimeter.
Wegmaß und geometrisches Maß:

$$\text{Die Meile} = 3000 \text{ Klafter} = 30\,000 \text{ Fuß} = 7500 \text{ Meter}$$
$$1 \text{ „} = 10 \text{ „} = 2{,}5 \text{ „}$$
$$1 \text{ „} = 0{,}25 \text{ „}$$
$$\text{Werkmaß: } 1 \text{ Fuß} = 10 \text{ Zoll} = 100 \text{ Linien} = 250 \text{ M;M}$$
$$1 \text{ „} = 10 \text{ „} = 25 \text{ „}$$
$$1 \text{ „} = 2{,}5 \text{ „}$$
$$\text{Gewebemaß: } 1 \text{ Elle} = 24 \text{ Zoll} = 600 \text{ M;M.}$$

B. Flächenmaß. Einheit: Die heff. Quabrat-Klafter = 6,25 M².
Felbmaß: Der Morgen = 4 Viertel = 400 Quabrat-Klafter = 25 Ar
$$1 \text{ „} = 100 \text{ „} \quad \text{„} = 6{,}25 \text{ Ar}$$
$$1 \text{ „} \quad \text{„} = 6{,}25 \text{ Zentiar}$$

C. Körpermaß. Einheit: Die heff. Kubik-Klafter = 15,625 M³.
Holzmaß: Der Stecken 5′ breit unb hoch, 4′ Scheitlänge = 100 Kubikfuß = 1,5625 Ster.
Für andere Scheitlängen wirb die Höhe des Meßrahmens entsprechend ge-
änbert.

D. Hohlmaß. Einheit: $\left\{\begin{array}{l}\text{Das Mäschen}\\\text{Der Schoppen}\end{array}\right\} = 32 \text{ Kubikzoll} = \frac{1}{2} \text{ Liter.}$

Getreibemaß: 1 Malter = 4 Simmer = 16 Kumpf = 64 Gescheib = 256 Mäschen = 64 Liter
$$1 \text{ „} = 4 \text{ „} = 16 \text{ „} = 64 \text{ „} = 32 \text{ „}$$
$$1 \text{ „} = 4 \text{ „} = 16 \text{ „} = 8 \text{ „}$$
$$1 \text{ „} = 4 \text{ „} = 2 \text{ „}$$
$$1 \text{ „} = \frac{1}{2} \text{ „}$$
Flüssigkeitsmaß: 1 Ohm = 4 Viertel = 80 Maß = 320 Schoppen = 160 Liter
$$1 \text{ „} = 20 \text{ „} = 80 \text{ „} = 40 \text{ „}$$
$$1 \text{ „} = 4 \text{ „} = 2 \text{ „}$$
$$1 \text{ „} = \frac{1}{2} \text{ „}$$
außerbem: für Kohlen ein Gefäß 5′ lang 4′ breit 2′ hoch = 40 C′ = 625 Liter
für Kalk ein Gefäß 2′ lang 2′ breit 2½′ hoch = 10 C′ = 156¼ Liter.

E. Gewichtsmaß. Einheit: Das Pfund des Zollvereins = 500 Gramm
mit Eintheilung in 32 Loth zu 4 Quint zu 4 Richtpfennig.
Mebizinal-Gewicht: Das Pfund = 357,854 Gramm.
Juwelengewicht: Der Karat = 205,5 Milligramm.

F. Gelbmaß. Der 52½ Gulbenfuß wie in Bayern unb Württemberg.

15. Hessen-Cassel seit 1866 zu Preußen gehörig mit 770 569 Ew.
Neue Maße: wie ber norbbeutsche Bund.

Bisherige Maße:

A. Längenmaß. Einheiten: Der kurhessische Fuß = 287,000 M/M.

Der alte Kasseler Fuß = 284,03 „

Geometrisches Maß: Die Kataster-Ruthe = 14 alte Fuß = 3,98876 M.
mit dezimaler Untertheilung in Fuße, Zolle, Linien.

Wegmaß: Die geographische Meile = 26 000 Fuß = 7420,158 M.

Werkmaß: 1 Fuß = 12 Zoll = 144 Linien = 287,000 M/M.

1 „ = 12 „ = 23,975 „

1 „ = 1,999 „

Gewebemaß: 1 Kasseler Elle = 570,4 M M.

1 Brabanter Elle = 694,3

B. Flächenmaß. Einheit: Der kurhess. Quadratfuß = 0,08277076 M².

Feldmaß: 1 Acker = 150 Quadratruthen = 24,83 Ar

1 „ = 16,22 Zentiar

C. Körpermaß. Einheit: Der kurhessische Kubikfuß = 0,02331307 M³.

Holzmaß: 1) Die Klafter 5′ hoch und weit, Scheitlänge 6′ = 150 C′ = 3,478 Ster.

2) Die Klafter 6′ hoch und weit, Scheitlänge 4′ = 144 C′ = 3,419 „

D. Hohlmaß. Einheiten: Das Viertel = 160,46 Liter

Die Wein-Maß = 1,0498 „

Die Bier-Maß = 2,1845 „

Getreidemaß: 1 Viertel = 2 Scheffel = 16 Metzen = 64 Mäßchen = 160,44 Liter

1 „ = 8 „ = 32 „ = 80,84 „

1 „ = 4 „ = 10,08 „

1 „ = 2,50 „

Flüssigkeitsmaß für Wein, Branntwein und Essig:

1 Fuder = 6 Ohm = 120 Viertel = 480 Maß = 1920 Schoppen = 9,36 Hektoliter

1 „ = 20 „ = 80 „ = 320 „ = 155,96 Liter

1 „ = 4 „ = 16 „ = 7,80 „

1 „ = 4 „ = 1,84 „

1 „ = 0,49 „

außerdem für Bier und Milch:

1 Ohm = 80 Maß = 320 Schoppen = 174,70 Liter

1 „ = 4 „ = 2,18 „

1 „ = 0,84 „

außerdem für Wein-Steuer die preußische Ohm
für Branntwein-Steuer die Ohm zu 153,73 Liter.

E. Gewichtsmaß. Einheit: Das Pfund des Zollvereins = 500 Gramm
mit Eintheilung in 30 Loth zu 10 Quint wie in Preußen.

16. Holstein u. Schleswig seit 1866 zu Preußen gehörig mit 981 718 Ew.
Neue Maße: wie der norddeutsche Bund.
Bisherige Maße: wie Hamburg.

17. Italien. Königreich mit 24 368 787 Ew. Hauptstadt Florenz
mit 116 000 Ew.
Neue Maße: Seit 1850 das vollständige metrische System.

18. Kirchenstaat. Päpstliches Gebiet mit 720 000 Ew. Hauptstadt Rom mit 217 000 Ew.

Neue Maße: Seit 1848 das vollständige metrische System. Die alten Maße daneben fortbestehend.

19. Lippe - Detmold. Fürstenthum mit 111 352 Ew. zum nordbeutschen Bund gehörig. Hauptstadt Detmold mit 6000 Ew.

Neue Maße: Die des norddeutschen Bundes.

Bisherige Maße:

A. Längenmaße. Einheit: Der Fuß $= 289{,}5$ M/M.

Geometrisches Maß: Die Ruthe zehntheilig $= 16$ Fuß $= 4{,}632$ M.

Werkmaß: 1 Fuß $= 12$ Zoll $= 142$ Linien $= 289{,}5$ M/M.

$$1 \; „ = 12 \; „ = 24{,}12 \; „$$
$$1 \; „ = 2{,}5 \; „$$

Gewebemaß: 1 Elle $= 2$ Fuß $= 579$ M/M.

B. Flächenmaß. Einheit: Der Quadratfuß $= 0{,}083810$ M²

Feldmaß: 1 Morgen $= 1\frac{1}{2}$ Scheffel Aussaat $= 120$ Quadratruthen $= 25{,}744$ Ar

$$1 \; „ \quad „ = 80 \; „ \quad „ = 17{,}163 \; „$$
$$1 \; „ \quad „ = 2{,}1457 \text{ Zentiar}$$

C. Körpermaß. Einheit: Der Kubikfuß $= 0{,}024263$ M³

Holzmaß: Das Klafter $= 216$ C' $= 5{,}24$ Ster.

D. Hohlmaß. Einheit: Die Kanne $= 1{,}3762$ Liter.

Für Getreide:

1 Roggen-Scheffel $= 6$ große $= 8$ kleine Metzen $= 24$ Mahlmetzen $= 44{,}4917$ Liter
1 Hafer-Scheffel $= 7$ große Metzen . . . . $= 51{,}6787$ „

Für Flüssigkeiten:

1 Oxhoft $= 1\frac{1}{2}$ Ohm $= 6$ Anker $= 30$ Viertel $= 162$ Kannen $= 222{,}94$ Liter
$$1 \; „ = 4 \; „ = 20 \; „ = 108 \; „ = 148{,}63 \; „$$
und 1 Bierohm . . . . . $= 100 \; „ = 137{,}62 \; „$

E. Gewichtsmaß: Das Zollgewicht wie in Preußen.

F. Geldmaß: Der Dreißigthalerfuß wie in Preußen.

20. Lippe-Schaumburg. Fürstenthum zum nordd. Bund gehörig mit 31 186 Einwohnern. Hauptstadt Bückeburg mit 4000 Ew.

Neue Maße: Die des norddeutschen Bunds.

Bisherige Maße:

A. Längenmaß. Einheit der Fuß $= 290{,}1$ M/M.

Geometrisches Maß: 1 Ruthe zehntheilig $= 16$ Fuß $= 4{,}642$ M.
$$1 \text{ Lachter} = 7 \text{ Fuß} = 2{,}031 \text{ M.}$$

Werkmaß: 1 Fuß $= 12$ Zoll $= 144$ Linien $= 290{,}1$ M/M.

Gewebemaß: 1 Elle $= 2$ Fuß $= 580{,}2$ M/M.

B. Flächenmaß. Einheit der Quadratfuß $= 0{,}084147$

Feldmaß: 1 Morgen $= 120$ Quadratruthen $= 25{,}749$ Ar
$$1 \; „ = 2{,}1458 \text{ Zentiar}$$

C. Körpermaß. Einheit: Der Kubikfuß = 0,o24414 M³

Holzmaß: Das Klafter = 216 C' = 5,28 Ster.

D. Hohlmaß. Einheiten: { Der Himten = 32,6693 Liter

{ Die Maß . = 1,3207 „

Für Getreide:

1 Fuder = 12 Malter = 72 Himten = 288 Metzen = 23,74 Hektoliter

Für Flüssigkeiten:

1 Oxhoft = 6 Anker = 168 Maß = 672 Ort = 205,88 Liter.

Der Driling-Branntwein = 108 Maß = 131,84 Liter.

E. Gewichtsmaß: Das Zollgewicht wie in Preußen.

F. Geldmaß: Der Dreißigthalerfuß wie in Preußen.

21. Lübeck. Freie Stadt zum norddeutschen Bund gehörig mit 48 583 Ew. darunter in der Stadt 37 000 Ew.

Neue Maße: Die des norddeutschen Bundes.

Bisherige Maße:

A. Längenmaß. Einheit: Der Fuß = 287,6 M/M.

Wegmaß: Die deutsche Meile = 7420,155 Meter.

Geometrisches Maß: Die Ruthe = 16 Fuß = 4,592 M.

Werkmaß: 1 Fuß = 12 Zoll = 142 Linien = 287,6 M/M.

1 „ = 12 „ = 23,9 „

1 „ = 1,0 „

Gewebemaß: Die Elle = 2 Fuß = 575,2 Meter.

B. Flächenmaß. Einheit: Der Quadratfuß = 0,082714 M²

Feldmaß: Nach der Menge Aussaat berechnet und benannt.

C. Körpermaß. Einheit: Der Kubikfuß = 0,023789 M³

Holzmaß: Der Stadt-Faden 6' 7½'' breit und hoch, Scheitlänge 3'.

Der Forst-Faden 14' breit und 4' hoch, Scheitlänge 3'.

D. Hohlmaß. Einheit: { Der Roggenscheffel = 35,89 Liter.

{ Der Haferscheffel = 39,89 „

{ Die Kanne . . = 1,8788 „

Für Getreide: (Roggen, Waizen, Gerste, Erbsen).

1 Last = 8 Drömt = 24 Tonnen = 96 Scheffel = 384 Faß = 34,13 Hektoliter

1 „ = 3 „ = 12 „ = 48 „ = 4,27 „

1 „ = 4 „ = 16 „ = 142,83 „

1 „ = 4 „ = 35,88 „

1 „ = 8,89 „

außerdem: die holsteinische Apfeltonne = 4 gehäufte Haferscheffel.

Für Flüssigkeiten:

1 Fuder = 4 Oxhoft = 6 Ohm = 120 Viertel = 240 Stübchen = 480 Kannen = 8,89 Hektoliter

1 „ = 1½ „ = 30 „ = 60 „ = 120 „ = 2,13 „

1 „ = 20 „ = 40 „ = 80 „ = 149,802 Liter

1 Kanne = 2 Quartier = 4 Planken = 8 Ort = 1,₄₇₁₁ Liter
1 „ = 2 „ = 4 „ = 0,₈₃₆₃ „
1 „ = 2 „ = 0,₄₄₈ „
1 „ = 0,₂₃₃ „
außerdem für Bier: die Kanne = 1,₈₆₂₇ Liter.

E. Gewichtsmaß: Das Zollgewicht mit bezimaler Eintheilung.
Medizinal=Gewicht wie in Bayern.
F. Geldmaß: wie in Hamburg. Der Dreißig=Thalerfuß oder Fünfund=
siebenzig=Marktfuß. 1 Thlr. = 2½ Mark = 40 Schilling zu 12 Pfennigen.

22. Mecklenburg-Schwerin. Großherzogthum mit 560 618 Ew.
zum norddeutschen Bund gehörig. Hauptstadt Schwerin mit 25 000 Ew.
Neue Maße wie der norddeutsche Bund.
Bisherige Maße:
A. Längenmaß wie in Lübeck.
B. Flächenmaß wie in Lübeck.
C. Körpermaß. Holzmaß: Der normirende Faden = 3,₄₈₉₈ Ster.
D. Hohlmaß. Für Getreide: der Scheffel = 38,₈₈₄₂ Liter.
Für Flüssigkeiten: wie in Hamburg und Lübeck.
E. Gewichtsmaß: wie in Preußen.
F. Geldmaß: Der Dreißigthalerfuß mit Eintheilung des Thalers in
48 Schillinge zu 12 Pfennigen.

23. Mecklenburg-Strelitz. Großherzogthum mit 98 770 Ew. zum
norddeutschen Bund gehörig. Hauptstadt: Neustrelitz mit 8000 Ew.
Neue Maße wie der norddeutsche Bund.
Bisherige Maße:
A. Längenmaß wie in Schwerin.
B. Flächenmaß desgleichen.
C. Körpermaß. Holzmaß: 1 Faden = 3,₆₄ und = 4,₆₄ Ster.
D. Hohlmaß. Für Getreide: der preußische Scheffel = 54,₇₂₄ Liter.
E. und F. Gewicht und Geld wie in Schwerin.
24. Nassau seit 1866 zu Preußen gehörig mit 609 176 Ew.
Bisherige Maße:
A. Längenmaß: Einheiten: { Der Feldfuß = 500 M/M.
Der Werkfuß = 300 „
Geometrisches Maß: 1 Ruthe = 10 Fuß = 5 Meter.
Werkmaß: 1 Fuß = 12 Zoll = 144 Linien = 300 M/M.
1 „ = 12 „ = 25 „
1 „ = 2,₀₈ „
Gewebemaß: 1 Elle = 2 Fuß = 600 M/M.
B. Flächenmaß. Einheiten: { Der Quadrat=Werkfuß = 0,₀₉ M².
Der Quadrat=Feldfuß = 0,₂₅ M².

Felbmaß: Der Morgen = 100 Quadratrnthen = 25 Ar.

                  1 „ = 25 Zentiar.

C. Körpermaß: Einheit der Kubik-Werkfuß = 0,027 M³.

          Holzmaß: Die Klafter = 144 C' = 3,868 Ster.

D. Hohlmaß: Einheit: Das Liter.

         Für Getreibe: 1 Malter = 4 Viertel = 1 Hektoliter.

                     1 „ = 25 Liter.

Für Flüssigkeiten: 1 Ohm = 80 Maß = 320 Schoppen = 160 Liter.

E. Gewichtmaß: Das Pfund bes Zollvereins = 500 Gramm mit Eintheilung in 32 Loth zu 4 Quint zu 4 Richtpfennigen.

F. Gelbmaß: Der 52½ Gulbenfuß unb ber Dreißigthalerfuß wie in Bayern.

25. Niederlande. Königreich mit 3 792 374 Ew. Hauptstabt Amsterbam mit 267 000 Ew.

Das metrische Maßsystem mit eigenen Bezeichnungen.

Gelbmaß: Der Gulben eine Silbermünze 10 Gramm schwer aus Silber von 0,045 Feinheit mit Eintheilung in 100 Zent Werth — 2 Frs. 9 Cts.

26. Oesterreich, Kaiserthum unb Ungarn, Königreich mit 35 535 000 Ew. Hauptstabt Wien mit 620 000 Ew.

Bisherige Maße:

A. Längenmaß. Einheit: Die österreichische Klafter = 1,8966667 M.

Wegmaß unb geometrisches Maß:

            1 Meile = 4000 Klafter = 40000 Fuß = 7586,483 Meter

                         1 „ = 10 „ = 1,897 „

               (Lachter) 1 „ = 0,190 „

Werkmaß:

            1 Klafter = 6 Fuß = 72 Zoll = 864 Linien = 1896,7 M/M.

     (Lachter) 1 „ = 12 „ = 144 „ = 316,1 „

                    1 „ = 12 „ = 26,3 „

                            1 „ = 2,1 „

         Gewebemaß: Die Elle = 779 M/M.

B. Flächenmaß. Einheit: Die Quadrat-Klafter = 3,597841 M².

     Felbmaß: 1 Joch = 1600 Quadrat-Klafter = 57,55745 Ar.

C. Körpermaß. Einheit: Die Kubik-Klafter = 6,822953 M³.

Holzmaß: Die Klafter 1 Klafter hoch unb breit, Scheitlängen 36, 30 unb 24 Zoll.

         Die 36zöllige Klafter = 3,42 Ster

         „ 30 „ „ = 2,85 „

         „ 24 „ „ = 2,28 „

D. Hohlmaß. Einheiten: { Der Metzen = 61,4994 Liter.
                            { Die Maß = 1,5150 „

Für Getreide:

1 Muth = 30 Metzen = 480 Maßel = 1920 Futtermaßel = 3840 Becher = 18,₄₅ Hektoliter
1 „ = 16 „ = 64 „ = 128 „ = 61,₄ Liter
1 „ = 4 „ = 8 „ = 3,₈₃ „
1 „ = 2 „ = 0,₉₅ „
1 „ = 0,₄₇ „

Für Flüssigkeiten:

1 Eimer = 40 Maß = 160 Seidel = 320 Pfiff = 56,₄₀ Liter
1 „ = 4 „ = 8 „ = 1,₄₁ „
1 „ = 2 „ = 0,₃₅ „
1 „ = 0,₁₉ „

außerdem: Der Wein-Eimer = 41 Maß = 58,₀₂ Liter.

Der Bier-Eimer = 42½ „ = 60,₁₄ „

Das Fuder = 1½ Dreiling = 32 Eimer
1 „ = 24 „
1 Faß Wein = 10 „
1 „ Bier = 2 „

E. Gewichtsmaße wie in Bayern. Einheit: Das Pfund zu 560 Gramm.

Außerdem: Das Zollpfund zu 500 Gramm wie im Zoll-Verein mit bezimaler Eintheilung in 10 Neuloth zu 10 Quint zu 10 Halbgramm.

Juwelengewicht: Das Karat = 206,₀₈₅ Gramm.

Medizinal-Gewicht: Das Pfund = 420,₀₀₉ Gramm mit der gewöhnlichen Eintheilung.

F. Geldmaß: Der 45 Gulden-Fuß, 45 Gulden ⁹/₁₀ fein aus 500 Gramm Feinsilber, mit Eintheilung des Guldens in 100 Neukreuzer. Der Gulden wiegt 12,₃₄₅ Gramm und ist werth 2 Frcs. 45 Cts. Gegenwärtig ist eine Münzeinigung mit Frankreich in Aussicht auf Grundlage des Zehngulbenstücks in Gold = 25 Franken.

27. Oldenburg. Großherzogthum mit 315 622 Ew. zum norddeutschen Bund gehörig. Hauptstadt Oldenburg mit 14 000 Ew.

Neue Maße: Die des norddeutschen Bundes.

Bisherige Maße:

A. Längenmaß. Einheit: Der oldenburger Fuß = 295,₉ M/M.

Wegmaß: Die oldenburger Meile = 9869,₄ Meter.

Geometrisches Maß: 1 Ruthe = 10 Fuß = 2,₉₅₉ M.
= 18 „ = 5,₃₂₆ M.
alte Ruthe = 20 „ = 5,₉₁₈ M.
Gewebemaß: Die Elle = 581 M/M.

B. Flächenmaß. Einheit: Der oldenb. Quadratfuß = 0,₀₈₇₈₅₂ M²

Feldmaß: 1 Jück = 100 Quadratruthen zu 324 Quadratfuß = 45,₈₈₈ Ar
1 „ = 324 „ = 28,₄₄ Zentiar

C. Körpermaß. Einheit: Der oldenb. Kubikfuß = 0,₀₂₆₀₃₉ M³.

D. Hohlmaß. Eintheilen: { Der Scheffel = 22,₈₀₉₄ Liter.
{ Die Kanne = 1,₃₆₉ „

Für Getreibe:

$$1 \text{ Saft} -12 \begin{Bmatrix} \text{Molt} \\ \text{Walter} \end{Bmatrix} = 18 \text{ Tonnen} - 144 \text{ Scheffel} \ldots = 32{,}14 \text{ Hektoliter}$$

$$1 \text{ Molt} = 1^{1/2} \text{ „} = 12 \text{ „} \ldots = 2{,}74 \text{ „}$$

$$1 \text{ „} = 8 \text{ „} \ldots = 1{,}82 \text{ „}$$

$$1 \text{ „} = 16 \text{ Kannen} = 64 \text{ Ort} = 22{,}80 \text{ Liter}$$

$$1 \text{ „} = 4 \text{ „} = 1{,}43 \text{ „}$$

$$1 \text{ „} = 0{,}36 \text{ „}$$

Für Flüffigkeiten (Wein und Branntwein):

$$1 \text{ Orhoft} = 1^{1/2} \text{ Ohm} = 6 \text{ Anker} = 156 \text{ Kannen} = 240 \text{ Quartier} = 213{,}32 \text{ Liter}$$

$$1 \text{ „} = 4 \text{ „} = 104 \text{ „} = 160 \text{ „} = 142{,}81 \text{ „}$$

$$1 \text{ „} = 36 \text{ „} = 40 \text{ „} = 35{,}38 \text{ „}$$

$$1 \text{ „} = 17/13 \text{ „} = 1{,}37 \text{ „}$$

$$1 \text{ „} = 0{,}80 \text{ „}$$

außerdem für Bier:

$$1 \text{ Tonne} = 4 \text{ Henkemann} = 112 \text{ Bierkannen} = 159{,}6 \text{ Liter}$$

$$1 \text{ „} = 28 \text{ „} = 39{,}9 \text{ „}$$

$$1 \text{ „} = 1{,}423 \text{ „}$$

E. Gewichtsmaß: Das Pfund des Zoll-Vereins = 500 Gramm mit bezimaler Eintheilung in 10 Neuloth zu 10 Quint zu 10 Halbgramm. Münz- und Mebizinal-Gewicht wie in Preußen.

F. Gelbmaß: Der breißig Thalerfuß mit Eintheilung des Thalers in 30 Groschen zu 12 Schwaren.

28. Portugal. Königreich mit 4 350 216 Ew. Hauptstabt Liffabon mit 224 000 Ew.

Das metrische Syftem mit Ausnahme des Gelbmaßes.

Als Gelbmaß bient das Reis und fein Tausendfaches das Milreis. Seit 1854 befteht bie Golbwährung.

Golbmünzen:							Werth in Franken.
10 Milreis ober 1 Golbkronne, Gewicht:	17,735 Gramm,	Feinheit	11/12 =	55 Fcs.	88 Cts.		
5 „ „ $^{1}/_{2}$ „	„	8,868 „	„	11/12 =	27 „	94 „	
2 „ „ $^{1}/_{5}$ „	„	3,547 „	„	11/12 =	11 „	17 „	
1 „ „ $^{1}/_{10}$ „	„	1,774 „	„	11/12 =	5 „	59 „	

Scheibemünzen in Silber:

500 Reis ober 5 Toftao Stüde, Gewicht:	12$^{1}/_{2}$ Gramm,	Feinheit	11/12 =	2 Fcs.	52 Cts.
200 „ „ 2 „ „ „	5 „	„	11/12 =	1 „	01 „
100 „ „ 1 „ „ „	2$^{1}/_{3}$ „	„	11/12 =	0 „	50 „
50 „ „ $^{1}/_{2}$ „ „ „	1$^{1}/_{6}$ „	„	11/12 =	0 „	25 „

Kupfermünzen zu 20, 10 unb 5 Reis.

29. Preußen. Königreich mit 24 043 296 Ew. zum norbbeutschen Bunb gehörig. Hauptstabt Berlin mit 703 000 Ew.

Neue Maße: Die des norbbeutschen Bunbes.

Bisherige Maße:

A. Längenmaß. Einheit: Der preuß. ober rheinische Fuß = 313,8535 M/M.

Wegmaß und geometrisches Maß:

Die preußische Meile = 2000 Ruthen = 24000 Fuß = 7532,₄₈₈ M.

1 „ = 12 „ = 3,₇₆₆₂₄ M.

(Dezimal getheilt).

Werkmaß: 1 Fuß = 12 Zoll = 144 Linien = 1728 Punkte = 313,₈₅ M,M.

1 „ = 12 „ = 144 „ = 26,₁₅ „

1 „ = 12 „ = 2,₁₅ „

1 „ = 0,₁₈ „

Bergmaß: Die Lachter = 80 Zoll = 2,₀₉₂ Meter.

Tiefenmaß: Der Faden = 6 Fuß = 1,₈₈₃ Meter.

Gewebemaß: Die Elle = 25½ Zoll = 666,₉₄ M,M.

B. Flächenmaß.

Einheiten: Der preußische Quadratfuß = 0,₀₉₈₅₀₄₀₈ M²

Die preuß. Quadratruthe =14,₁₈₄₅₈ M²

Feldmaß: 1 Morgen = 180 Quadratruthen = 25,₅₃₂₂₅ Ar.

1 „ „ = 14,₁₈ Zentiar.

(Dezimal weiter getheilt.)

C. Körpermaß.

Einheit: Der preuß. Kubikfuß = 0,₀₃₀₉₁₅₈₄ M³.

Holzmaß: Die Klafter 6' hoch und weit, Scheitlänge 3' = 108 C' = 3,₃₃₈₉ Ster

D. Hohlmaß.

Einheiten: { Der Scheffel = 54,₉₆ Liter.

{ Das Quart = 1,₁₄₅ „

Für Getreide:

1 Last = 2½ Wispel = 5 Malter 15 Tonnen = 60 Scheffel = 32,₉₉ Hektoliter

1 „ = 2 „ 6 „ = 24 „ = 13,₁₉ „

1 „ 3 „ = 12 „ = 6,₆₄ „

1 „ = 4 „ = 2,₁₀ „

1 „ = 54,₉₆ Liter

1 Scheffel = 4 Viertel = 16 Metzen = 64 Mäßchen = 54,₉₆ „

1 „ = 4 „ = 16 „ = 13,₇₄ „

1 „ = 4 „ = 3,₄₃ „

1 „ = 0,₈₆ „

Für Flüssigkeiten:

1 Fuder = 4 Oxhoft = 6 Ohm = 12 Eimer = 24 Anker = 720 Quart = 8,₂₄ Hektoliter

1 „ = 1½ „ = 3 „ = 6 „ = 180 „ = 2,₀₆ „

1 „ = 2 „ = 4 „ = 120 „ = 1,₃₇ „

1 „ = 2 „ = 60 „ = 68,₇₀ Liter

1 „ = 30 „ = 35,₃₁ „

1 „ = 1,₁₄ „

Für Flüssigkeiten:

1 Fuder = 4 Oxhoft = 6 Ohm = 12 Eimer = 24 Anker = 720 Quart = 8,₂₄ Hektoliter

1 „ = 1½ „ = 3 „ = 6 „ = 180 „ = 2,₀₆ „

1 „ = 2 „ = 4 „ = 120 „ = 1,₃₇ „

1 „ = 2 „ = 60 „ = 68,₇₀ Liter

1 „ = 30 „ = 34,₃₅ „

1 „ = 1,₁₄ „

außerdem für Bier:

$$1 \text{ Gebräu} = 9 \text{ Kufen} = 18 \text{ Faß} = 30 \text{ Tonnen} = 3600 \text{ Quart} = 41{,}33 \text{ Hektoliter}$$
$$1 \text{ „} = 2 \text{ „} = 4 \text{ „} = 400 \text{ „} = 4{,}59 \text{ „}$$
$$1 \text{ „} = 2 \text{ „} = 200 \text{ „} = 229{,}0 \text{ Liter}$$
$$1 \text{ „} = 100 \text{ „} = 114{,}5 \text{ „}$$
$$1 \text{ „} = 1{,}143 \text{ „}$$

E. Gewichtsmaß. Einheit: Das Pfund des Zollvereins = 500 Gramm.

$$1 \text{ Schiffslast} = 40 \text{ Zentner} = 4000 \text{ Pfund} = 2000 \text{ Kilogramm}$$
$$1 \text{ „} = 100 \text{ „} = 50 \text{ „}$$
$$1 \text{ Pfund} = 30 \text{ Loth} = 300 \text{ Quentchen} = 3000 \text{ Zent} = 30000 \text{ Korn} = 500 \text{ Gramm}$$
$$1 \text{ „} = 10 \text{ „} = 100 \text{ „} = 1000 \text{ „} = 16{,}667 \text{ „}$$
$$1 \text{ „} = 10 \text{ „} = 100 \text{ „} = 1{,}667 \text{ „}$$
$$1 \text{ „} = 10 \text{ „} = 0{,}167 \text{ „}$$
$$1 \text{ „} = 0{,}017 \text{ „}$$

Medizinal- und Juwelengewicht': dasselbe.

Münzgewicht: Dasselbe Pfund mit Eintheilung in 1000 Theile.
$1/10000$ Pfund also 50 Milligramm heißt As.

Altes Medizinal-Gewicht: 1 Pfund = 350,783 Gramm.

F. Geldmaß. Der Dreißig-Thalerfuß.. Dreißig Thaler aus einem Pfund Feinsilber, je mit $1/9$ seines Gewichts legirt, Gewicht $1\tfrac{1}{9}$ pr. Loth, genau 18,889 Gramm. 1 Thaler hat 30 Groschen zu 12 Pfennigen.

30. Reuß. Zwei Fürstenthümer zum norddeutschen Buub gehörig a) ältere Linie mit 43889 Ew. Hauptstadt: Schleiz mit 4000 Ew. b) jüngere Linie mit 88097 Ew. Hauptstadt Gera mit 16000 Ew.

Neue Maße: Die des norddeutschen Bundes.

Bisherige Maße: Die Preußens mit Ausnahme von
$$1 \text{ Elle} = 375 \text{ M/M.}$$
$$1 \text{ Scheffel zu 4 Vierteln} = 106{,}16 \text{ Liter.}$$

31. Rußland. Kaiserthum mit 61325922 Ew. in Europa. Hauptstadt St. Petersburg mit 546000 Ew.

A. Längenmaß. Einheit: Der englische Fuß = 304,8 M/M.

Wegmaß und geometrisches Maß:
$$1 \text{ Werst} = 500 \text{ Saschen (Faden)} = 3500 \text{ Fuß} = 1066{,}781 \text{ M.}$$
$$1 \text{ „} \quad \text{„} = 7 \text{ „} = 2{,}1336 \text{ M.}$$

Werkmaß: wie in England.

Gewebemaß: 1 Arschin (Elle) zu 16 Werschok = 711,2 M/M.

B. Flächenmaß. Einheit: $\begin{cases} \text{Der engl. Quadratfuß} = 0{,}09290341 \text{ M}^2. \\ \text{Der Quadrat-Faden} = 4{,}552085 \text{ M}^2. \end{cases}$

Feldmaß: 1 Dessätin = 2400 Quadrat-Faden = 109,25 Ar.
$$1 \text{ „} \quad \text{„} = 4{,}55 \text{ Zehtiar.}$$

C. Körpermaß. Einheit: Der engl. Kubikfuß = 0,02831531 M³.

Holzmaß: Das Kubik-Saschen = 343 Kubikfuß = 9,712 Ster.

D. Hohlmaß. Einheiten: $\begin{cases} \text{Der Tschetwert} = 209{,}9 \text{ Liter.} \\ \text{Der Wedro} = 12{,}299 \text{ Liter.} \end{cases}$

Für Getreide:

$$1 \text{ Tschetwert} = 8 \text{ Tschetwerik} = 64 \text{ Garnez} = 209{,}90 \text{ Liter}$$
$$1 \quad \text{„} \quad = 8 \text{ „} \quad = 26{,}13 \text{ „}$$
$$1 \quad \text{„} \quad = 3{,}270 \text{ „}$$

Für Flüssigkeiten:

$$1 \text{ Botschka (Faß)} = 40 \text{ Wedro} = 400 \text{ Kruschka} = 320 \text{ Stoof} = 4{,}91 \text{ Hektoliter.}$$
$$1 \quad \text{„} \quad = 10 \text{ „} \quad = 8 \text{ „} \quad = 12{,}30 \text{ Liter}$$
$$\text{(Eimer)} \quad 1 \quad \text{„} \quad = \tfrac{4}{5} \text{ „} \quad = 1{,}23 \text{ „}$$
$$1 \quad \text{„} \quad = 1{,}54 \text{ „}$$

E. Gewichtsmaß:

$$1 \text{ Berkowez} = 10 \text{ Pud} = 400 \text{ Pfund} \ldots \ldots \ldots = 163{,}412 \text{ Kilogr.}$$
$$\text{(Schiffspfund)} \quad 1 \text{ „} \quad = 40 \text{ „} \ldots \ldots \ldots = 16{,}341 \text{ „}$$
$$1 \text{ „} \quad = 96 \text{ Solotnik} = \ldots = 409{,}331 \text{ Gr.}$$
$$1 \text{ „} \quad = 96 \text{ Doli} = 4{,}266 \text{ „}$$
$$1 \text{ „} \quad = 0{,}044 \text{ „}$$

F. Geldmaß: Der Silberrubel aus 0,8685 feinem Silber 20,811 Gramm wiegend. Werth = 3 Fr. 92 Cts. mit Eintheilung in 100 Kopeken.

32. Sachsen. Königreich mit 2423401 Ew. zum norddeutschen Bund gehörig. Hauptstadt Dresden mit 156000 Ew.

Neue Maße: Die des norddeutschen Bunds.

Bisherige Maße seit 1858:

A. Längenmaß. Einheit: Der Fuß = 283,19 M/M.

Wegmaß:

$$1 \text{ Meile} = 2000 \text{ Landruthen} = 16000 \text{ Ellen} = 32000 \text{ Fuß} = 9062{,}00 \text{ Meter}$$
$$1 \quad \text{„} \quad = 8 \text{ „} \quad = 16 \text{ „} \quad = 4{,}531 \text{ „}$$
$$1 \quad \text{„} \quad = 2 \text{ „} \quad = 0{,}566 \text{ „}$$
$$1 \text{ „} \quad = 0{,}283 \text{ „}$$

außerdem: 1 neue Meile = 7500 Meter.

Geometrisches Maß: 1 Ruthe = 15′ 2″ = 4,295049 M.

Bergmaß: 1 Lachter = 2 Meter.

Gewebemaß: 1 Elle = 2 Fuß = 566,38 M/M.

B. Flächenmaß. Einheit: Der Quadratfuß = $0{,}08019961$ M²

Feldmaß: 1 Acker = 300 Quadrat-Feldmesserruthen = 55,34 Ar.
$$1 \quad \text{„} \quad \text{„} \quad = 18{,}44 \text{ Zentiar}$$

C. Körpermaß. Einheit: Der Kubikfuß = $0{,}02271088$ M³.

Holzmaß: Die Klafter = 2,45 Ster.

D. Hohlmaß. Einheit: $\begin{cases} \text{Der Scheffel} = 103{,}8296 \text{ Liter.} \\ \text{Der Eimer} = 67{,}3625 \text{ „} \end{cases}$

Für Getreide:

$$1 \text{ Wispel} = 2 \text{ Malter} = 24 \text{ Scheffel} = 24{,}91 \text{ Hektoliter.}$$
$$1 \quad \text{„} \quad = 12 \text{ „} \quad = 12{,}46 \text{ „}$$
$$1 \quad \text{„} \quad = 103{,}8296 \text{ Liter.}$$

1 Scheffel = 4 Viertel = 16 Metzen = 64 Mäßchen = 108,₀₀₀ Liter
$\quad$1 „ = 4 „ = 16 „ = 25,₀₅ „
$\quad\quad\quad$1 „ = 4 „ = 6,₄₀ „
$\quad\quad\quad\quad\quad$1 „ = 1,₄₂ „

Für Flüssigkeiten:
$\quad$1 Fuder = 12 Eimer . . . . = 8,₀₄ Hektoliter
$\quad\quad$1 „ = 72 Kannen = 144 Rösel = 67,₃₄₂₅ Liter
$\quad\quad\quad$1 „ = 2 „ = 0,₉₃₄₄ „
$\quad\quad\quad\quad$1 „ = 0,₄₆₇₀ „

außerdem für Bier:
1 Gebräude =12 Kufen =24 Faß =48 Viertel =96 Tonnen= . . . = 94,₀₁ Hektoliter
$\quad$1 „ = 2 „ = 4 „ = 8 „ =840 Kannen= 7,₈₄ „
$\quad\quad$1 „ = 2 „ = 4 „ =420 „ = 3,₉₂ „
$\quad\quad\quad$1 „ = 2 „ =210 „ = 1,₉₆ „
$\quad\quad\quad\quad$1 „ =105 „ = 98,₂₄ Liter
$\quad\quad\quad\quad\quad$1 „ = 0,₉₃₄₄ „

E. Gewichtsmaß: Das Pfund des Zollvereins = 500 Gramm mit Eintheilung wie in Preußen, in 30 Loth zu 10 Quint.

F. Geldmaß: Der breißig Thalerfuß mit Eintheilung in 30 Groschen zu 10 Pfennigen.

33. Sachsen-Altenburg. Herzogthum mit 141426 Ew. zum norddeutschen Bund gehörig. Hauptstadt Altenburg mit 18000 Ew.

Neue Maße: Die des norddeutschen Bundes.

Bisherige Maße wie im Königreich Sachsen mit Ausnahme von
$\quad$1 Malter = 2 Scheffel = 32 Metzen = 128 Mäßchen = 2,₉₄ Hektoliter
$\quad\quad$1 „ = 16 „ = 64 „ = 146,₉₇ Liter
$\quad\quad\quad$1 „ = 4 „ = 9,₁₈ „
$\quad\quad\quad\quad$1 „ = 2,₂₉ „

34. Sachsen-Coburg-Gotha. Herzogthum mit 168735 Ew. zum norddeutschen Bund gehörig. Hauptstädte Coburg mit 11000 Ew. und Gotha mit 19000 Ew.

Neue Maße: Die des norddeutschen Bundes.

Bisherige Maße wie im Königreich Sachsen, außer:
$\quad$1 Elle = 586 M/M.
$\quad$1 Viertel-Getreide = 44,₁₈₁ Liter.

35. Sachsen-Meiningen. Herzogthum mit 180335 Ew. zum norddeutschen Bund gehörig. Hauptstadt Meiningen mit 8000 Ew.

Neue Maße: Die des norddeutschen Bundes.

Bisherige Maße wie in Frankfurt a/M. mit Ausnahme von
$\quad$1 Elle = 635 M/M.
$\quad$1 Malter = 4 Metzen = 167,₁ Liter.
$\quad\quad$1 „ = 41,₈ „

36. Sachsen-Weimar-Eisenach. Großherzogthum mit 283044 Ew. zum norddeutschen Bund gehörig. Hauptstadt Weimar mit 14000 Ew.

Neue Maße: Die des norddeutschen Bundes.

Bisherige Maße:

A. Längenmaß. Einheit: Der Fuß = 281,98 M/M.

Wegmaß uub geometrisches Maß:

Die Meile = 1632 Ruthen = 26112 Fuß = 7363,088 Meter.

1 „ = 16 „ = 4,512 „

1 Klafter = 6 „ = 1,692 „

Werkmaß:

1 Fuß = 12 Zoll = 144 Linien = 1440 Punkte = 282 M/M.

1 „ = 12 „ = 120 „ = 23,5 „

1 „ = 10 „ = 1,9 „

1 „ = 0,19 „

Gewebemaß: Die Elle = 2 Fuß = 564 M/M.

B. Flächenmaß. Einheit: Der Quadratfuß = 0,079512 M².

Feldmaß: 1 Acker = 140 Quadratruthen = 28,497 Ar.

1 „ „ = 20,355 Zentiar.

C. Körpermaß. Einheit: Der Kubikfuß = 0,022420 M³.

Holzmaß: 6' hoch und breit, Scheitlänge 3½ Fuß = 126 C' = 2,825 Ster.

D. Hohlmaß.

Für Getreide gibt es verschiedene Gattungen, unter denen folgende 4 die gebräuchlichsten sind:

der weimarische Scheffel = 75,29 Liter.

der Jenaer „ = 160,12 „

des Eisenacher Malter = 304,60 „

der Apolbaer Scheffel = 86,78 „

Für Flüssigkeiten: 1 Eimer = 72 Ohmmaß = 71,708 Liter.

1 „ = 0,904 „

1 Eimer = 80 Schenkmaß = 71,708 „

1 „ = 0,898 „

E. und F. Gewichts= und Geldmaß wie in Preußen.

37. Schwarzburg-Rudolstadt. Großherzogthum mit 75047 Ew. zum norddeutschen Bund gehörig. Hauptstadt Rudolstadt 6200 Ew.

Neue Maße: Die des norddeutschen Bundes.

Bisherige Maße wie in Preußen mit Ausnahme von { 1 Elle = 566 M/M. 1 Scheffel = 187,28 L.

38. Schwarzburg-Sondershausen. Fürstenthum mit 67500 Ew. zum norddeutschen Bund gehörig. Hauptstadt Sondershausen mit 5200 Ew.

Neue Maße: Die des norddeutschen Bundes.

Bisherige Maße wie in Preußen.

39. Schweden und Norwegen. Königreich mit zusammen 5896159 Ew. Hauptstädte Stockholm mit 140000 Ew. und Christiania mit 65000 Ew.

A. Längenmaß. Einheit: Der Fuß = 296,₉ M/M.
Wegmaß: Die schwedische Meile = 6000 Faden = 10688,₄₃₆ Meter.
Geometrisches Maß und Werkmaß:

1 Ruthe = 16 Fuß	=	4,₇₅₀ M.

1 Faden (Famn) = 3 Ellen (Alnar) = 6 Fuß (Fot) = 72 Zoll (Verktum) = 1,₇₈₁₄ M.

 1 „ = 2 „ = 24 „ = 593,₈ M/M.
 1 „ = 12 „ = 296,₉ „
 1 „ = 24,₇ „

B. Flächenmaß. Einheit: Der Quadratfuß = 0,₀₈₈₁₅₀ M².
Feldmaß: 1 Tonne Land = 56000 Quadratfuß = 49,₃₆₄₁ Ar.

C. Körpermaß. Einheit: Der Kubikfuß = 0,₀₂₆₁₇₁ M³.
Holzmaß: Der Faden = 3,₇₈₉ Ster.

D. Hohlmaß. Einheit: Die Kanne = 2,₆₁₇ Liter.
Für Getreide:
 1 Tonne = 2 Spon = 32 Koppen = 56 Kannen = 112 Stop = 146,₃₆₈ Liter.
Für Flüssigkeiten:
 1 Ohm = 4 Anker = 60 Kannen = 120 Stop = 157,₀₄₁ Liter.

E. Gewichtsmaß. Einheit: Das Schalpfund = 425,₃₄ Gramm mit Eintheilung in 32 Loth zu 4 Quint.

F. Geldmaß. Einheit: Der Reichsthaler Reichsmünze zu 100 Öre aus Silber von 0,₇₅₀ Feingehalt. 50 Thaler wiegen 1 Schalpfund.
Der Werth des Thalers ist = 1 Fc. 40 Cts.

40. Schweiz. Bundes-Republik mit 2510494 Ew. Hauptstadt Bern mit 29000 Ew.

Maße seit 1851:

A. Längenmaß. Einheit: Der Fuß = 300 Millimeter.
Wegmaß: Die Wegstunde (lieue itinéraire) = 16000 Fuß = 4800 M.
Geometrisches und Werkmaß:

1 Ruthe (perche) = 10′ (pied) = 100″ (pouce) = 1000‴ (ligne) = 10000⁗ (trait) = 3 Meter.
 1′ = 10″ = 100‴ = 1000⁗ = 300 M/M.
 1″ = 10‴ = 100⁗ = 30 „
 1‴ = 10⁗ = 8 „
 1⁗ = 0,₈ „

außerdem die Klafter (toise) = 6 Fuß = 1,₈ M.
Gewebemaß:
 Der Stab (aune) = 2 Ellen (brache) = 4 Fuß = 1200 M/M.
 1 „ = 2 „ = 600 „

B. Flächenmaß. Einheit: Der Quadratfuß = 0,₀₉ M².
Feldmaß. Die Juchart (arpent) = 40000 Quadratfuß = 36 Ar.

C. Körpermaß. Einheit: Der Kubikfuß = 0,₀₂₇ M³.
Holzmaß: Das Klafter (moule) 6′ hoch und weit mit veränderlicher Scheitlänge.

D. Hohlmaß. Einheit: $\left\{\begin{array}{l}\text{Das Immi (émine)}\\\text{Die Maß (pot)}\end{array}\right\} = 1\frac{1}{2}$ Liter.

Für Getreide:

1 Malter (sac) = 10 Viertel (quarteron) = 100 Immi (émines) = 150 Liter
    1 „ = 10 „ = 15 „
             1 „ = $1\frac{1}{2}$ „

Für Flüssigkeiten:

1 Ohm (muid) = 4 Eimer (setier) = 100 Maß (pot) = 400 Schoppen = 150 Liter
    1 „ = 25 „ = 100 „ = 37,5 „
            1 „ = 4 „ = 1,5 „
                        1 „ = 0,375 „

E. Gewichtsmaß. Einheit: Das Pfund des Zollvereins = 500 Gramm mit Eintheilung in 32 Loth zu 2 Halbloth.

Münzgewicht: Dasselbe Pfund mit Eintheilung in 1000 Tausendtheile.

Mebizinal = Gewicht. Das nürnberger Mebizinalpfund = 357,854 Gr. mit der Eintheilung in 12 Unzen zu 8 Drachmen zu 3 Skrupel zu 20 Gran.

F. Gelbmaß. Einheit: Der Silberfrank 5 Gramm schwer aus 9/10 feinem Silber. Werth in 9/10 feinen Franken = 0 Fr. 88 Cts.

41. Spanien. Bisher Königreich mit 16 302 625 Ew. Hauptstadt Madrid mit 314 000 Ew.

Seit 1859 das metrische Maßsystem mit Ausnahme des Gelbmaßes.

Einheit des Gelbmaßes ist der Real zu 100 Cents, 175 Stück aus einer alten Mark zu 230,071 Gramm, also ist der Werth des Reals = 0 Fr. 26 Cts.

42. Walbeck. Fürstenthum mit 56 805 Ew. zum norddeutschen Bund gehörig. Hauptstadt Arolsen mit 2500 Ew.

Neue Maße: Die des norddeutschen Bundes.

Bisherige Maße: Die Preußens mit Ausnahme von
    1 Elle = 584 M/M.

43. Württemberg. Königreich mit 1 778 479 Ew. Hauptstadt Stuttgart mit 80 000 Ew.

Neue Maße: Die des norddeutschen Bunds mit einigen Vereinfachungen.

Bisherige Maße seit 1806.

A. Längenmaß. Einheit: Der württ. Fuß = 286,4908 M/M.

Wegmaß: Die württ. Meile = 26 000 Fuß = 7448,75 Meter.

Geometrisches Maß: Die Ruthe = 10 Fuß = 2,865 Meter.

Werkmaß: 1 Fuß = 10 Zoll = 100 Linien = 286,5 M/M.
          1 „ = 10 „ = 28,6 „
                1 „ = 2,9 „

Gewebemaß: Die württ. Elle = 2,144 Fuß = 614,735 M/M.

B. Flächenmaß. Einheit: Der Quabratfuß = 0,0820767 M2.

Feldmaß:

1 { Jauchart / Mannsmahd = 1½ Morgen = 6 Biertel = 576 Quabratruthen = 47,₈₈ Ar.
Tagwerk

$$1 \quad „ = 4 \quad „ = 384 \quad „ = 31,₃₂ \text{ Ar.}$$
$$1 \quad „ = 96 \quad „ = 7,₈₈ \text{ Ar.}$$
$$1 \quad „ = 8,₂₁ \text{ Zentiar}$$

C. Körpermaß. Einheit: Der Kubikfuß = 0,₀₂₈₆₁₄ M³.

Holzmaß: Die Klafter 6' hoch und weit, Scheitlänge 4 Fuß = 144 C'
= 3,₈₆₆ Ster.

Erdmaß: Die Schachtruthe = 100 C' = 2,₅₅₁ M³.

D. Hohlmaß. Einheit: Das Simri = 22,₁₅₃₃ Liter.
Die Maß = 1,₈₃₇₀₄ „

Für Getreide:

1 Scheffel = 8 Simri = 32 Bierling . . . . = 177,₂₂ Liter
$$1 \quad „ = 4 \quad „ = 32 \text{ Ecklein} = 128 \text{ Biertelein} = 22,₁₅ „$$
$$1 \quad „ = 8 \quad „ = 32 \quad „ = 5,₅₄ „$$
$$1 \quad „ = 4 \quad „ = 0,₆₉ „$$
$$1 \quad „ = 0,₁₇ „$$

Für Flüssigkeiten: **a)** Helleichmaß für gegohrene Flüssigkeiten.

1 Fuder = 6 Eimer = 96 Imi = 960 Maß . . . . . . = 17,₆₃ Hektoliter
$$1 \quad „ = 16 \quad „ = 160 \quad „ = 640 \text{ Schoppen} = 293,₉₉₇ \text{ Liter}$$
$$1 \quad „ = 10 \quad „ = 40 \quad „ = 18,₃₇₀ „$$
$$1 \quad „ = 4 \quad „ = 1,₈₃₇ „$$
$$1 \quad „ = 0,₄₅₉ „$$

b) Trübeichmaß für ungegohrene Flüssigkeiten, giltig von Herbst bis 23. November mit derselben Eintheilung wie beim Helleichmaß.

1 Eimer = 306,₇₆₆ Liter.
1 Imi = 19,₁₇₄ „
1 Maß = 1,₉₁₇ „

c) Schenkmaß für den Ausschank der Wirthe bei Mengen unter 1 Imi ursprünglich nur für Wein zum Ersatz der Wein-Steuer.

1 Maß = 1,₉₇ Liter
1 Schoppen = 0,₄₂ „

außerdem:

Für Heu und Oehmb: 1 Wanne = 512 C' = 12,₀₃₉ Mⁿ.
Für Sand: 1 Kasten = 8 C' = 0,₁₈₈ M³.
Für gebrannten Kalk: 1 Scheffel = 3,₉₆₉ C' = 0,₀₉₃ M³.
Für Holzkohlen: 1 Zuber = 20 C' = 0,₄₇₀ M³.

E. Gewichtsmaß. Einheit: Das Pfund des Zollvereins = 500 Gramm mit Eintheilung in 32 Loth zu 4 Quint zu 4 Richtpfennigen und in 500 Gramm.
Münzgewicht: Dasselbe Pfund mit Eintheilung in 1000 Tausendtheile.

Medizinal=Gewicht: Das Pfund zu 357,6337 Gramm mit Eintheilung in 12 Unzen = 96 Drachmen = 288 Skrupel = 5760 Gran.

Juwelengewicht: Das Amsterbamer Karat zu 205,894 Milligramm.

F. Geldmaß. Einheit: Der Gulden des 52½ Guldenfußes, 52½ aus 1 Zollpfund fein, wie in Bayern, Baben, Hessen und Frankfurt. Der Gulden ist 9/10 fein, wiegt 10,604 Gramm und wird eingetheilt in 60 Kreuzer zu 4 Pfennigen. Außerdem wird geprägt: der Thaler des Dreißigthalerfußes 9/10 fein, 18,560 Gramm schwer, ohne Untertheilung. 1 Thaler = 1¾ Gulden.

IV. Die wichtigsten außereuropäischen Maße.

44. Norb-Amerika hat Maße die großentheils mit den englischen übereinstimmen. Die Einheiten sind:

A. Längenmaß. Die Seemeile = 1/60 Aequatorgrab = 1854,96 Meter

Die Landmeile (statute mile) . .	= 1760 yards	= 1609,31 „
Die Ruthe (abweichend von England) =	5 yards	= 4,572 „
Der Faden . . . . =	2 yards	= 1,829 „
Das Yard (Sekundenpendellänge in London) . . . . =		0,91438 „
Der Fuß = 1/3 yard	⌐	0,30479 „

B. Flächenmaß.

1 township ober Stadtgebiet = 36 Quadratmeilen = 93,2392 Myriar (K.M²).

1 Quadratmeile . . , . . = 640 Aker . . . = 258,9984 Hektar (H.M²).

1 Aker . . . . = 4840 Quadratyards = 40,4671 Ar (D.M²).

1 Quadratyard = 0,8361 Zentiar (M²).

C. Körpermaß. 1 Kubikyard = 0,764513 M³.

Holzmaß: 1 Cord = 128 Kubikfuß = 3,624 Ster.

D. Hohlmaß: Die alt=englischen.

Für Getreide: Das Winchester-bushel = 35,234 Liter.

Für Flüssigkeiten: das Wein=Gallon = 3,785 Liter.

E. Gewichtsmaß wie in England und zwar für den Handel:

Das Avoir du poids=Gewicht. 1 Pfund = 453,593 Gramm.

1 Zentner zu	100 Pfund =	45,359 Kilogramm.	
1 „ „	112 „ =	50,802	„
1 Tonne „	2000 „ =	907,18	„
1 „ „	2240 „ =	1016,05	„

Die Schiffstonne zu 2000 Pfund = 907,18 Kilogramm wird zu 42 Kubikfuß = 1,189 M³ angenommen.

F. Geldmaß. Seit 1853 die Goldwährung.

Einheit: der Dollar aus 9/10 feinem Gold 1,674 Gramm schwer, also 1,505 Gramm Feingold enthaltend, Werth 5 Fcs. 17 Cts.

Es giebt: Stücke zu 20 Dollars, Gewicht 33,435 Gr., Werth 103 Fcs. 42 Cts.

„	10	„	„	16,717	„	„	51	„	71	„
„	5	„	„	8,358	„	„	25	„	84	„
„	2 1/2	„	„	4,179	„	„	12	„	92	„
„	1	„	„	1,671	„	„	5	„	17	„

Der Dollar wird eingetheilt in 100 Zents und zwar gibt es Stücke zu 50, 25, 10, 5 Zents in 9/10 feinem Silber, die Zentstücke in Kupfer und Bronce.

45. Süd-Amerika. Brasilien hat Maße die großentheils mit den alt-portugiesischen übereinstimmen.

Die Einheiten sind:

A. Längenmaße:

Die Legoa (große Meile) = 3 Milhas (kleine Meilen) = 6196,88 Meter
1 Milha = 2065,86 „
und die brasilianische Legoa zu 3000 braças (Klafter) = 6600 „
1 braça = 2,2 „
1 vara (Elle) = 1,1 „
1 pé (Fuß) = 329,12 M/M.

B. Flächenmaß: 1 Geira (Morgen) = 58,56 Ar.

D. Hohlmaß: Für Getreide 1 alqueire = 40 Liter.

Für Flüssigkeiten 1 pipa = 545,08 Liter.

E. Gewichtsmaß: Das Pfund = 458,978 Gramm.

F. Geldmaß wie in Portugal.

46. Türkei. Maßeinheiten sehr verschieden und unsicher:

Längenmaß: Die Meile (Gatsch) = 5334 Meter u. 5001 Meter.
Die Elle (Pick) = 685,5 M/M.
Der Endasch = 340 „ u. 652 M/M.
Das Fortin = 4 Kilos = 141,08 Liter.

Hohlmaß. Für Getreide: 1 Kilo = 35,27 Liter.

Für Flüssigkeiten: 1 Alma = 5,2 Liter.

Gewichtsmaß: 1 Oka zu 400 Drachmen = 1283,082 Gramm.

Geldmaß: 1 Beutel = 500 Piastern = circa 86 Fcs.
1 „ = 0 „ 17 Cts.

47. Aegypten. Maßeinheiten:

Längenmaß: 1 Pick Stambuli = 687 M/M.
1 Pick Endasch = 638 „

Hohlmaß: 1 Ardeb = 271 Liter.

Gewichtsmaß: 1 Oka = 400 Drachmen = 1235 Gramm.

Geldmaß:

100 Piaster in Gold zu 0,874 fein, 8 1/2 Gr. schwer = 25 Fcs. 53 Cts.
1 „ in Silber zu 9/10 „ 1 1/4 „ „ = 0 „ 31 „

48. Perſien.
Längenmaß: 1 Farſang   = 7467 Meter.
        1 Arſchin Schahi   = 2,os und 1,11 Meter
        1 Arſchin Meläſär   = 0,ss4 und 1,os7 „
Hohlmaß: 1 Artaba = 65,sss Liter.
Gewichtsmaß: 1 Batman von Teheran zu 640 Miskal = 3   Kilogr.
        1   „   „ Täbris   „ 1000   „   = 4,sss   „
Geldmaß: 1 Toman zu 200 Schahi = 10000 Denar aus Gold von
⁹/₁₀ fein 3,ss Gramm ſchwer = 11 Fcs. 14 Cts.

49. China.
Längenmaß: 1 Li zu 1800 Feldmeſſer-Covids = 785,s Meter.
        1 Feldmeſſer Covid . . . . = 319 M/M.
        1 Covid Zollmaß . . . . . = 358 „
Hohlmaß: 1 Sei Getreide = 122,4s Liter.
Gewichtsmaß: Der Pikul zu 100 Kettis = 60,47s Kilogramm.
                1   „   = 604,7s7 Gramm.
Geldmaß: 1 Liang oder Tael (zu 10 Thſlan zu 10 Fen zu 10 Li zu
10 Hao zu 10 Sſe) = 7¹/₂ Frank.

50. Japan.
Längenmaß: 1 Ink = 1,s Meter.
Hohlmaß: 1 Sei Getreide = 122,sos Liter.
Gewichtsmaß: 1 Picul zu 100 Catties = 58,ss Kilogramm.
        1 Ken zu 160 Monme = 280 Gramm.
               1   „   = 1,7s Gramm.
Geldmaß: 1 Silber-Jtebu = circa 2 Franken.
        1 Gold-Kobang = circa 7   „